Bilderrahmen

GRAHAM PORTER

KÖNEMANN

INHALT

*Beklebter Flügelrahmen (oben), bemalter Rahmen (links)
und verzierter Rahmen (rechts)*

Vorwort

Ungerahmte Bilder wirken unfertig. Der Rahmen unterstützt und hebt die Wirkung eines Bildes hervor. In diesem Buch werden Ihnen verschiedene Methoden der Rahmung gezeigt, so daß Sie günstig selbst paßgenaue Rahmen herstellen können.

ZU BEGINN

Die meisten Werkzeuge, die Sie für die Rahmung brauchen, finden Sie in Ihrem Werkzeugkasten. Sollten Sie allerdings mehrere Rahmen im Jahr herstellen wollen, dann lohnt sich die Anschaffung einiger Spezialwerkzeuge.

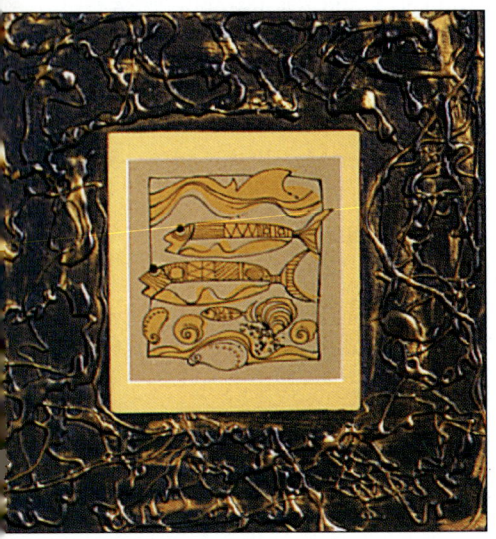

Dieser Rahmen aus Karton ist mit Klebstofflinien überzogen, die eine leicht erhöhte Struktur erzeugen.

Die Einrahmung beginnt mit der Farbfestlegung und der Auswahl der Rahmenleiste. Farbe ist das, was dem Betrachter als erstes ins Auge fällt. Deshalb ist die Wahl der Passepartoutfarbe sehr wichtig. Hellere Farben eignen sich besser als dunklere, die vom Kunstwerk ablenken können. Darüber hinaus sollte das Passepartout mit dem Bild, das es zu rahmen gilt, korrespondieren. Beispielsweise paßt ein blau verwaschener Holzrahmen sehr gut zu einer Strandszene, ein Goldrahmen zu einem Ölgemälde mit klassischem Motiv.

Die Auswahl an Rahmenleisten umfaßt verzierte und einfache Leisten, die ganz nach Belieben dekoriert werden können. Der Rahmen dient dazu, die Wirkung eines Bildes sowohl zu unterstützen als auch hervorzuheben. Ein Rahmen, der den Bildeindruck vervollständigt und abrundet, lenkt die Aufmerksamkeit des Betrachters auf das Kunstwerk.

In der ersten Hälfte dieses Buches werden die verschiedenen Methoden der einfachen Rahmung erläutert, einschließlich des Glas- und Passepartoutschneidens. In der zweiten Hälfte werden Techniken vorgestellt, mit denen ein Rahmen restauriert oder aufgepeppt werden kann. Rahmen müssen keineswegs aus Holz sein. Einfache Rahmen können auch aus Karton oder Papiermaché gefertigt werden.

Lassen Sie sich in einem Fachgeschäft für Bilderrahmen oder in einer Kunstgalerie für Ihre eigenen Rahmungen inspirieren. Achten Sie auf Stil und Art der verwendeten Rahmen und darauf, wie die Passepartouts die Wirkung des Bildes unterstreicht.

Das Passepartout hebt den Gesamteindruck eines Bildes hervor, also den des Kunst-werks und des Rahmens. Das Passepartout läßt das Auge – vom Eindruck des Rah-mens ungestört – auf dem Bild verweilen.

Herstellen eines Passepartouts

Da das Passepartout ein Bild direkt umrahmt, beeinflußt dessen Farbe die Wirkung des Bildes mehr als die Rahmenleiste. Das Passepartout verschönert nicht nur das Bild, sondern verhindert auch dessen Berührung mit dem Glas.

MATERIAL & WERKZEUG
- Passepartout
- Graupappe oder ein Rest Passepartoutkarton als Schneideunterlage
- Stahl- oder Aluminiumlineal
- Rollbandmaß / Zollstock
- Bleistift
- Cutter
- Radiergummi
- Passepartoutschneider
- Schaumstoff
- Klebestreifen

SCHNEIDEN DES PASSEPARTOUTS

1 Die Breite des Passepartouts kann nach Belieben festgelegt werden. Der vom Passepartout gerahmte Teil des Kunstwerkes, ‚Bildausschnitt‘ genannt, ist in der Regel so groß wie möglich. Das Passepartout muß jedoch mindestens einen Streifen von 5 mm Breite bedecken, sonst rutscht das Bild in den Ausschnitt, oder es fällt gar aus diesem heraus.

Bei einem 170 x 255 mm großen Kunstwerk darf der Bildausschnitt nicht größer als 160 x 245 mm sein (5 mm werden von jeder Seite abgezogen). Wir bestimmen die Außenmaße des Passepartouts anhand dieses Beispiels: Soll die Breite des Passepartouts oben, unten und an den Seiten jeweils 70 mm und auf der Unterseite 85 mm betragen, errechnen sich die Außenmaße wie folgt:

160 mm + 70 mm + 70 mm = 300 mm
Die Gesamthöhe beträgt dann
245 mm + 70 mm + 85 mm = 400 mm

2 Legen Sie die Passepartoutpappe auf einen großen Graukarton, und zeichnen Sie die errechneten Außenmaße mit Bleistift auf die Rückseite. Passepartouts haben in der Regel 90°-Ecken. Diese können Sie mit einem Anschlagwinkel überprüfen. Mit dem Cutter kann das Rechteck entlang der Linealkante nun ausgeschnitten werden.

SCHNEIDEKLINGEN

Bitte beachten Sie, daß die Klingen von Passepartoutschneidern sehr scharf sind. Gehen Sie deshalb achtsam damit um. Die Klinge sollte nach dem Schneiden von 4–5 Passepartouts ausgewechselt werden.

WAHL DER PASSEPARTOUTFARBE

Beachten Sie bei der Auswahl der Passepartoutpappe die Farbe und die Breite der Passepartoutränder. Passepartoutpappen sind in Geschäften für Zeichenbedarf, Schreibwarenläden, Kaufhäusern, Bastelgeschäften und Fachgeschäften für Bilderrahmen erhältlich. Für ein Aquarell eignet sich beispielsweise ein heller Karton, der den Grundton des Bildes aufnimmt, sowie verschiedene gebrochene Töne von Kalkweiß bis zu leichtem Gelb. Ein hellbrauner oder beiger Karton eignet sich für einen Sepiadruck. Vorsicht ist bei sehr farbigen Passepartouts geboten, da sie oft erdrückend wirken.

3 Legen Sie die Klinge so in den Passepartoutschneider ein, daß sie – durch das Passepartout hindurch – leicht in die Unterlage einschneidet. (Eine gummierte Unterlage ist zum Schneiden von Passepartouts ungeeignet.)

4 Messen Sie auf der Rückseite des Passepartoutkartons die Breite des Passepartoutrandes mit einem Lineal von der Außenkante nach innen ab, und zeichnen Sie diese mit Bleistift an. Die meisten Passepartoutschneider haben neben der Schneide einen Anschlag, mit dem Sie beim Schneiden des Kartons Ihre Bleistiftmarkierung am Anfang und am Ende der Schnittlinie abgleichen können. – Für das unter 1 angeführte Beispiel liegen Markierungen bei 70 mm, gemessen vom oberen, und bei 85 mm, gemessen vom unteren Rand.

5 Befolgen Sie die Gebrauchsanleitung für den Passepartoutschneider. Gehen Sie beim Schneiden jeweils etwas über das Endmaß hinaus, so daß das Fenster leicht aus dem Karton herausfallen kann. Andernfalls schneiden Sie mit einem Cutter oder einem Skalpell nach. Das Fenster sollte sich auf jeden Fall leicht und vollständig herauslösen.

DIE HINTERGRUNDAUFLAGE

6 Schneiden Sie in der Größe des Passepartouts ein Stück dünnen Schaumstoff zu, und legen Sie es zwischen Hintergrundpappe und Kunstwerk, damit dieses nicht verrutscht.

5 Schneiden Sie das Fenster mit dem Passepartoutschneider entlang der aufgezeichneten Linie aus.

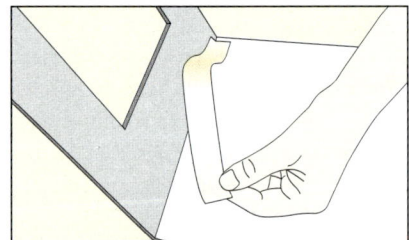

7 Verbinden Sie mit einem Klebestreifen die obere Kante des Passepartouts mit der des Schaumgummis.

7 Verbinden Sie mit einem Klebstreifen die obere Kante des Passepartouts mit der des Schaumgummis – beide Teile sollen fest miteinander verkleben.

8 Bringen Sie auf der Rückseite des Kunstwerks an der Oberkante zwei oder drei Streifen gummiertes Klebeband so an, daß die Hälfte des Klebebandes übersteht. Für weniger wertvolle Bilder kann auch Kreppband verwendet werden.

9 Wenden Sie das Kunstwerk und legen Sie es auf den Schaumgummi. Schieben Sie das Passepartout darüber, und richten Sie das Kunstwerk anhand des Bildausschnitts aus. Vergewissern Sie sich, daß das Kunstwerk gerade liegt und zu gleichen Teilen auf jeder Seite über den Passepartoutrand hinausragt. Beschweren Sie das Kunstwerk im Bildausschnitt vorsichtig mit einem kleinen Gewicht, es darf keinen Abdruck hinterlassen.

10 Nehmen Sie das Passepartout ab und befestigen das Kunstwerk endgültig, indem Sie rechtwinklig zu den bereits vorhandenen neue Klebestreifen anbringen. (Die Streifen bilden eine T-Form.)

PASSEPARTOUTRÄNDER

Soll ein auf Hintergrundpappe gespanntes Kunstwerk ein Passepartout erhalten, müssen Sie die Breite der Passepartoutränder festlegen. In der Regel sind diese zwischen 50 und 90 mm breit. Professionelle Bilderrahmer bringen den oberen Rand und die Seitenränder auf gleiche Breite. Der untere Rand hingegen ist etwas breiter. Bei gleicher Randbreite würde es nämlich zu einer optischen Täuschung kommen, die den unteren Rand schmaler als die anderen Ränder erscheinen läßt: Das Bild scheint nach unten gerutscht zu sein.
Einige Profis bevorzugen unten gar einen bis zu 20% breiteren Rand. Ist der Rand oben und seitlich 70 mm breit, kann die Breite des unteren bis zu 85 mm betragen. Achten Sie darauf, daß der Unterschied deutlich ist, da es sonst so aussieht, als ob Sie einen Fehler gemacht hätten.

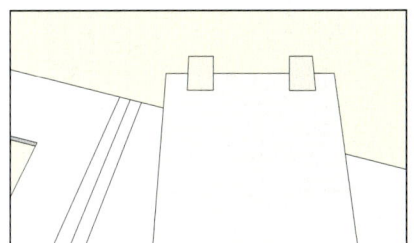

8 Bringen Sie auf der Rückseite des Kunstwerkes an der Oberkante zwei oder drei Klebstreifen hälftig an.

10 Weitere Klebstreifen, über Kreuz zu den vorherigen geklebt, sorgen für eine ausreichende Befestigung.

Mit einer Gehrungssäge sägt man 45°-Ecken in eine Rahmenleiste. Die Rahmenschenkel werden dann verleimt und zusammengenagelt. Dieser Rahmen wurde aus unbehandelten Leisten hergestellt und mit künstlicher Patina abgetönt.

Bau eines Leistenrahmens

Die Rahmenleisten können nun geschnitten und verleimt werden. Für ersteres benutzt man eine Gehrungssäge, mit der die Leisten maßgerecht auf Gehrung geschnitten, dann paßgerecht verleimt und umspannt werden, bis der Leim getrocknet ist.

BERECHNUNG DER RAHMENGRÖSSE

1 Ausgehend von der Bildgröße (Kunstwerk + Passepartout) berechnen Sie die Länge der Rahmenleisten wie folgt: Zur doppelten Höhe des Bildes addieren Sie die doppelte Breite; hinzu kommen je Rahmenteil (oben, unten, Seiten) zwei Abfallstücke, die sich bei den Gehrungsschnitten ergeben, also insgesamt acht Stück. Man kann so rechnen: Jedes Abfallholz ist so lang, wie die Leiste breit ist.

Die Gesamtlänge der Rahmenleisten für ein Bild von 300 x 200 mm wird bei einer Leistenbreite von 20 mm folgendermaßen berechnet:

300 mm x 2 = 600 mm
200 mm x 2 = 400 mm

MATERIAL & WERKZEUG
• Leiste
• Rollbandmaß oder Lineal
• Gehrungssäge
• Bleistift
• Radiergummi
• Rahmenspanner
• Weißleim (am besten Ponal)
• Kleiner Lappen
• Bohrer mit 1-mm-Bohrer
• Versenkstifte oder Rundkopfnägel
• Zweckenhammer
• Deko-Hammer

20 mm x 8 = 160 mm
Die benötigte Leistenlänge beträgt somit 1160 mm.

WAHL DES LEISTENRAHMENS

Auch bei der Auswahl der Leisten für den Rahmen sollten Sie den Stil des Bildes und am besten auch die Einrichtung des Raumes berücksichtigen, in dem dieses hängen wird. Ist das Bild beispielsweise für das Eßzimmer vorgesehen, bietet sich womöglich eine Rahmenleiste im gleichen Holzton wie der Eßtisch an. Bei großen Bildern sollte man darüber hinaus auf ausreichende Leistenbreite achten, denn als Faustregel gilt: Je größer das Bild, desto breiter der Rahmen.

Eine gute Auswahl an Rahmenleisten findet man in Bau- und Heimwerkermärkten, Kaufhäusern oder Fachgeschäften für Bilderrahmen.

Wenn Sie zur Sicherheit 10% zugeben, erhalten Sie eine Gesamtlänge von 1276 mm oder 1,276 m.

SCHNEIDEN VON LEISTEN

2 Die Leiste wird in die Gehrungssäge von links eingeschoben, die profilierte Seite weist nach oben, die Falzhöhe (s. Bild rechts) ist Ihnen zugewandt. Spannen oder halten Sie die Leiste fest und schneiden Sie sie auf Gehrung. Es muß noch nichts gemessen werden.

3 Tragen Sie auf der Ihnen zugewandten Leistenseite (mit dem Falz), ausgehend von der unteren, innenliegenden Ecke des Gehrungsschnittes, das Längenmaß ab. Man gibt 2 mm zu, so daß das Bild bequem in den Rahmen paßt, anders gesagt: der Rahmen nicht zu straff ist. Drehen Sie für den zweiten Schnitt die Platte der Gehrungssäge.

SCHNEIDEN DER LEISTE

Schneiden Sie immer die längste Leiste zuerst. Dann können Sie, falls Sie einen Fehler gemacht haben, dieses Stück immer noch für ein kürzeres Rahmenstück verwenden.

---

4 Legen Sie die Leiste so an, daß die Bleistiftmarkierung mit der Schneidefuge übereinstimmt. Richten Sie sich exakt nach der Gebrauchsanleitung des Sägenherstellers, die die Handhabung erläutert. Schneiden Sie die zweite Gehrungskante.

5 Der nun folgende Gehrungsschnitt gleicht dem ersten: Die Säge wird dazu in die Ausgangsstellung zurückgeführt. Verschieben Sie die zweite Leiste in der Gehrungssäge, bis Sie einen Schnitt unter 45°-Winkel ausführen können, der den Richtungssinn des ersten hat. Es muß nichts gemessen werden, da nur ein Stück Restholz anfällt.

6 Verwenden Sie die fertige Leiste als Mustermaß: Legen Sie dazu die beiden Leisten auf eine ebene Fläche, so daß die Falzhöhen nebeneinanderliegen. Richten Sie beide Leisten so aus, daß die beiden – nach unserer Beschreibung rechtsliegenden – gleichsinnigen Schnittflächen plan miteinander abschließen, und tragen Sie das nun noch fehlende Maß ab. Beachten Sie, daß die Säge wieder umgestellt werden muß, und verfahren Sie wie zuvor.

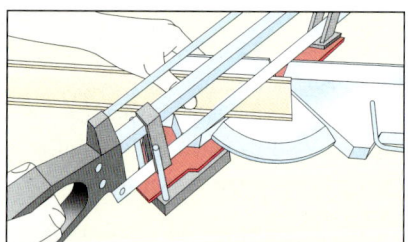

2 Die Leiste von links anlegen, fest andrücken und die erste Gehrungskante sägen.

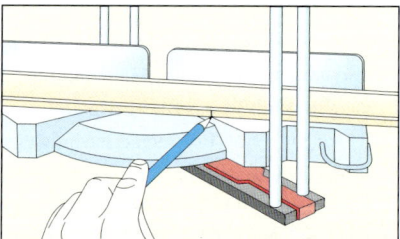

3 Die Säge auf den zweiten Schnitt umstellen, auf der Innenseite der Leiste das jeweilige Maß abtragen.

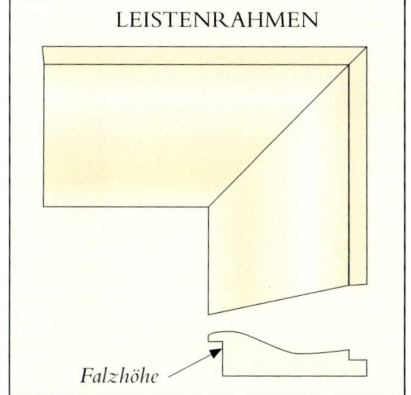

LEISTENRAHMEN

Falzhöhe

7 Wiederholen Sie den Vorgang für die zwei kurzen Leistenstücke. Im Anschluß daran werden die Leisten verleimt.

VERLEIMEN DER LEISTEN

8 Legen Sie die vier Rahmenschenkel zusammen und umspannen Sie den Rahmen mit einem Rahmenspanner. Diesen straffen und die Paßgenauigkeit der Gehrungsschnitte kontrollieren. Die Rahmenschenkel können entsprechend ihrer Maserung für einen optisch besseren Eindruck ausgetauscht werden.

9 Lockern Sie den Rahmenspanner, und bringen Sie Leim auf die Geh-

rungsschnittkanten auf. Ziehen Sie den Rahmenspanner erneut fest. Austretenden Leim sofort mit einem nassen Tuch oder mit den Fingern entfernen. Den Leim 20 Minuten trocknen lassen.

10 Entfernen Sie den Rahmenspanner. Den Rahmen über Nacht ruhen lassen, der Leim soll gut durchziehen. Kleinere Ritzen können mit farbigen Holzstiften abgedeckt oder mit etwas Leim geschlossen werden, wobei der überschüssige Leim nach wenigen Minuten abgewischt werden sollte. Getrockneter Leim sieht besser aus als eine Ritze.

11 Der Klebstoff hält hauptsächlich den Rahmen zusammen. Die Eckverbindungen sollten jedoch zusätzlich mit Nägeln gesichert werden. Bringen Sie diese nach dem Trocknen des Leims an. Stellen Sie den Rahmen auf, und bohren Sie – etwa 10 mm von der Ecke entfernt – ein Loch, eine halbe Nagellänge tief.

12 Den Versenkstift oder Rundkopfnagel mit einem Zweckenhammer eintreiben und mit einem Deko-Hammer vollständig einschlagen. Das Loch kann mit einem Holzstift verdeckt werden.

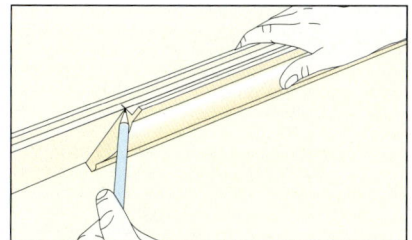

6 Die zweite Leiste an die erste anlegen, beide Enden bündig ausrichten und die verbleibende Länge anzeichnen.

8 Die vier Rahmenschenkel zusammenlegen und den Rahmenspanner festziehen.

Eine Glasscheibe schützt das Kunstwerk vor Staub und vor dem Ausbleichen.

Glasschneiden

Das Schneiden von Glas ist recht einfach. Es gibt dafür Spezialwerkzeug, beispielsweise einen preiswerten Stahlrad-Glasschneider, dessen Schneiderädchen, sorgsam mit einem Feinöl geschmiert, viele Jahre funktionsfähig bleibt.

MATERIAL & WERKZEUG

- Glasplatte
- Filzstift (sehr fein)
- Anschlagwinkel aus Metall oder Stahllineal
- Stahlrad-Glasschneider
- Schärfstein

VORGEHENSWEISE

1 Legen Sie die Glasplatte auf einen weichen Untergrund. Übertragen Sie mit Filzstift und Lineal die Außenmaße des Passepartouts auf das Glas.

2 Legen Sie das Lineal an die jeweilige Maßlinie an, und führen Sie den Glasschneider unter gleichmäßigem Druck daran entlang. Das geritzte Glas 'knackt' deutlich hörbar.

3 Legen Sie das Glas entlang der Ritzlinie über eine erhöhte Kante, halten Sie die Scheibe auf einer Seite fest und drücken Sie auf der anderen kraftvoll dagegen. Das Glas sollte entlang der Ritzlinie glatt brechen.

4 Damit Sie sich nicht am Glas schneiden, schleifen Sie die Glaskanten mit Schmirgelpapier ab. Wickeln Sie dieses zum Schutz der Hände um einen Klotz.

HINWEIS

Üben Sie das Glasschneiden zunächst an einigen Probestücken, bevor Sie das Glas für das Bild zuschneiden. Sie können sich das Glas für wenig Geld auch von einem Glaser zuschneiden lassen.

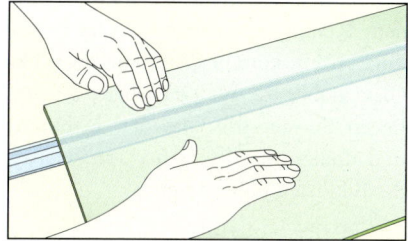

2 Ziehen Sie den Glasschneider entlang der markierten Linie. Drücken Sie dabei fest auf. Das Glas sollte hörbar knacken.

3 Legen Sie die geritzte Scheibe auf eine erhöhte Kante, drücken Sie zum Brechen fest auf beide Seiten der Glasplatte.

Zusammensetzen des Rahmens

Nun können Sie alle Bestandteile des Bildes – Glas, Passepartout, Kunstwerk und Rückwandpappe – in den Rahmen setzen. Vergewissern Sie sich, daß das Passepartout keine Bleistiftspuren oder Fingerabdrücke trägt. Entfernen Sie solche ggf. mit einem Radiergummi.

MATERIAL & WERKZEUG

- Glas (maßgeschnitten)
- Glasreiniger
- Nichtfaserndes Tuch
- Bildpaket (Kunstwerk, Passepartout, Rückwandpappe)
- Rahmen
- Magnethammer oder Tacker
- Versenkstifte
- Selbstklebendes braunes Klebeband (5 cm breit)
- Bleistift
- Dünner Nagelbohrer (Durchmesser ca. 1mm)
- Zwei Ringschrauben
- Zwei Schrauben von 6 oder 8 mm Länge
- Schraubendreher
- Bilderdraht

VORGEHENSWEISE

1 Säubern Sie zunächst das Glas mit dem Reiniger und dem nichtfasernden Tuch. Dann kommt das Bildpaket – das Glas zuoberst – auf eine ebene Fläche. Legen Sie auf das Glas den Rahmen, und drehen Sie das Ganze um, so daß das Bild nach unten zeigt.

2 Schlagen Sie mit einem Magnethammer oder Tacker vier Versenkstifte in die Mitte der Rahmenschenkel ein.

Drehen Sie das Bild. Prüfen Sie, ob alles paßt. Schlagen Sie auf der Innenseite Versenkstifte in einem Abstand von 60–70 mm ein.

3 Verkleben Sie die Kanten des Bildes auf der Rückseite mit Klebeband. Dadurch ist das Bild vor Insekten oder Milben geschützt. Vermeiden Sie gummierte Klebebänder, denn sie könnten sich nach einigen Monaten ablösen.

4 Bringen Sie die Ringschrauben etwa zwei Drittel unterhalb der Rahmenoberkante an. Markieren Sie deren Position, und bohren Sie zunächst die Löcher vor. Dies erleichtert das Eindrehen der Schrauben. Befestigen Sie den Bilderdraht an beiden Ringschrauben. Das Bild kann nun aufgehängt werden.

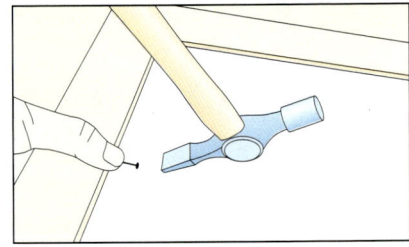

2 Treiben Sie auf der Rückseite des Bildes mit einem Hammer die Versenkstifte mittig in die Rahmenschenkel ein.

Eine ideale Kombination von hellem Passepartout und dunklem Rahmen. Das creme-farbene Passepartout korrespondiert hervorragend mit dem Hintergrund des Kunst-werks, wohingegen der dunkle Rahmen den Grundton des Bildes aufnimmt.

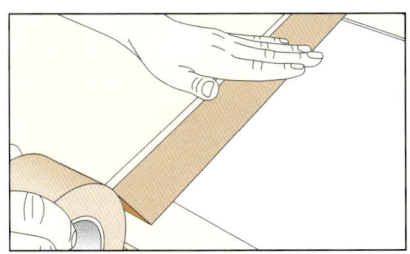

3 Dichten Sie die Rückseite mit Klebeband ab, so daß die Nägel verdeckt sind und kein Staub eindringen kann.

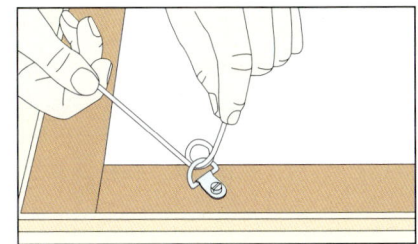

4 Schrauben Sie die Ringschrauben am oberen Rahmenschenkel an und befesti-gen Sie daran den Bilderdraht.

Dieses streng formal ausgerichtete Bilderensemble wird durch Schleifen aufgelockert. Die Schleifenbänder sind auf der Rahmenrückseite angeklebt und haben ausschließlich dekorative Funktion.

Aufhängen von Bildern

Beim Aufhängen von Bildern müssen Sie nicht nur entscheiden, ob diese als Einzelstück oder als Bilderensemble eine Wand schmücken, sondern auch, ob sie mittels eines nicht sichtbaren Drahts oder mit einer Schnur und dekorativen Troddeln, mit einer Kette oder gar mit einem Seil befestigt werden sollen.

WIE MAN BILDER AUFHÄNGT

Beim Aufhängen von Bildern gilt es einige Grundregeln zu beachten:

• Wählen Sie das Bild entsprechend des Raumambientes aus. So paßt ein Druck mit Muscheln gut in ein Badezimmer, eine Strandszene in ein sonniges Zimmer.

• Beachten Sie die Besonderheiten des Raumes. Kleine Bilder ‚verlieren‘ sich auf einer großen Wand, wenn sie nicht Teil eines Bilderensembles sind.

• Wählen Sie den besten Platz für ein Bild aus. Hängt ein Bild der Zimmertür gegenüber, fällt es jedem, der den Raum betritt, sofort ins Auge.

• Experimentieren Sie mit Bilderensembles. Gruppieren Sie dazu am besten die Bilder auf dem Boden vor der entsprechenden Wand. So erkennen Sie, wie diese an der Wand wirken würden, ohne durch probeweises Aufhängen die Wand zu beschädigen.

• Variieren Sie die Aufhängung der Bilder. Für die Befestigung an der Wand können Sie Seile, Ketten, Bänder und sogar Schnüre mit Troddeln verwenden.

• Lassen Sie sich beim Plazieren der Bilder von praktischen Aspekten leiten. Ein Ölgemälde sollte nie über einem Heizkörper angebracht werden, da die aufsteigende Hitze die Oberfläche des Gemäldes angreifen kann. Auch intensive Sonneneinstrahlung kann Bilder, insbesondere Aquarelle, ausbleichen.

GROSSE BILDER

Damit sie nicht durchhängen, sollten große Bilder an zwei Haken befestigt werden, die je nach Größe des Bildes im Abstand von 30–40 cm angebracht sind.

HINWEIS

Bilder reagieren auf große Temperaturschwankungen empfindlich und sollten deshalb nicht an Außenwänden angebracht werden. Im Laufe der Zeit könnte die Qualität eines Kunstwerks leiden. Ein Spalt zwischen Bild und Wand, durch den die Luft zirkulieren kann, schafft Abhilfe. Halbieren Sie den Korken einer Weinflasche und bringen Sie je eine Hälfte unter einer Bildecke an. Damit das Bild gerade hängt, muß der Haken oder der Nagel, an dem das Bild befestigt ist, etwas weiter aus der Wand herausragen.

Gebeizter und gewachster Rahmen

Rohe Holzleisten müssen Sie noch fachgerecht bearbeiten. Mit Holzbeizen färben und mit Lack oder Wachs schützen Sie das Holz. Der Lack oder das Wachs wird am besten vor dem Zusammensetzen der Rahmenschenkel aufgetragen.

VORGEHENSWEISE
1 Tragen Sie mit einem kleinen Pinsel

MATERIAL & WERKZEUG
- Schmaler Flachpinsel / weiches Tuch
- Holzbeize
- Schleifpapier, feine Körnung
- Putzwolle und weiches, nichtfaserndes Tuch
- Möbelwachs
---

oder einem weichen Tuch die Beize auf die Leiste auf. Sie dringt sofort in die Holzfasern ein. Für eine intensivere Tönung kann der Vorgang wiederholt werden. Da die Tönung je nach Beize und Holzart variiert, sollten Sie die Wirkung zunächst an einem kleinen Reststück ausprobieren.

Tragen Sie die Beize gleichmäßig auf, um einen glatten Farbton zu erzielen.

2 Da die Holzfasern durch die Beize meist aufquellen, wird die Oberfläche leicht rauh. Schleifen Sie in diesem Fall die Oberfläche mit einem feinen Schleifpapier leicht an. Wischen Sie den Schleifstaub gründlich ab.

3 Nach dem Trocknen der Beize tragen Sie das Möbelwachs sparsam mit einem nichtfasernden Tuch auf. Polieren Sie das Wachs mit einem Tuch, bis es leicht glänzt.

4 Der Leistenrahmen wird nun nach den Anweisungen auf Seite 11 zu einem Rahmen verarbeitet.

HINWEIS

In Bau- oder Heimwerkermärkten sind farbige Beizen erhältlich (Wasser-, Lösungsmittel-, Spiritus-, Dispersions-, Wachs- und chemische Beizen). Die Farbintensität der Holzbeizen kann beeinflußt werden, indem man das Mischungsverhältnis von Wasser und Lösungsmedium entsprechend verändert.

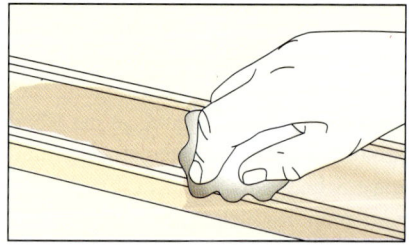

3 Das Wachs mit einem nichtfasernden Tuch auftragen und polieren, bis es sanft glänzt.

Eine ahornfarbige Beize verleiht diesem Holzrahmen eine sanfte Färbung, und eine dünne Wachsschicht schützt das Holz.

Zwei Nuancen eines Grüntons wurden für diesen Bilderrahmen verwendet. Für abstraktere Bilder bietet sich gar eine kontrastive Farbgebung des Rahmens an.

Bemalter Rahmen

Farbe ist wohl die einfachste Art, einen Holzrahmen zu verändern. Besonders apart wirkt ein Rahmen, der in zwei Nuancen einer Farbe gestrichen ist.

VORGEHENSWEISE

1 Grundieren Sie den Leistenrahmen zweimal. Schleifen Sie den trockenen Rahmen leicht an. Wichtig: Dies muß vor dem Schneiden geschehen.

2 Schneiden Sie den Leistenrahmen (s. Seite 11), und streichen Sie die vier Stücke, bevor Sie diese zusammensetzen. Achten Sie darauf, daß die Farbe nicht auf die Gehrungsschnittkante kommt, da der Rahmen sonst nicht genau zusammenpaßt. Streichen Sie zwei Rahmenstücke hell- und zwei dunkelgrün. Für diesen Rahmen wurde hochglänzende Künstlerölfarbe verwendet. Sie können auch die übliche Künstlerölfarbe nehmen und dem Rahmen einen Deckanstrich mit Hochglanzlack geben.

3 Nachdem die Farbe trocken ist, den Rahmen zusammensetzen (s. Seite 13).

MATERIAL & WERKZEUG

- Flachpinsel für die Grundierung
- Künstlerölfarbe für die Grundierung
- Leistenrahmen für den Rahmen
- Schleifpapier, feine Körnung
- 25-mm-Flachpinsel für den Deckanstrich
- Hochglanz-Künstlerölfarbe: Hellgrün, Dunkelgrün
- Hochglanz-Wasserlack (wahlweise)

HINWEIS

Wenn Sie die Farbe in unterschiedliche Nuancen abtönen wollen, mischen Sie den dunkleren in den helleren Farbton. So können Sie die gewünschte Farbnuance langsam anmischen, ohne dafür zuviel Farbe zu verbrauchen.

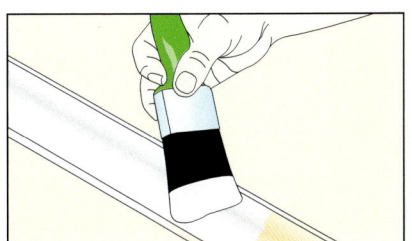

1 Grundieren Sie den gesamten Leistenrahmen zweimal, und lassen Sie die Farbe trocknen.

2 Schneiden Sie den Leistenrahmen in die gewünschte Länge. Streichen Sie zwei Rahmenteile hell- und zwei dunkelgrün.

Vergoldeter Rahmen

Dieser eindrucksvolle vergoldete Rahmen trägt kein echtes, sondern das günstigere unechte, aber ähnlich wirkungsvolle Blattgold. Das hauchdünne goldene Blatt wird auf einen mit Leimtränke gestrichenen Rahmen aufgebracht.

MATERIAL & WERKZEUG
- Rahmen
- Schleifpapier, feine Körnung
- Putzwolle
- Kleiner Flachpinsel für die Grundierung
- Künstlerölfarbe: Indischrot
- Wasserlöslicher Haftgrund (s. Vergoldungsmittel, Seite 26)
- Weiche weiße Baumwollhandschuhe
- Unechtes Blattgold (Schlagmetall)
- Weiches Tuch oder Seidenschal
- 25 mm breiter Pinsel für die Lackierung
- Satin-Wasserlack

VORGEHENSWEISE

1 Schleifen Sie den Rahmen mit feinem Schleifpapier völlig plan. Selbst kleinste Unebenheiten oder andere makelbehaftete Stellen sind unter der feinen Goldschicht sichtbar. Entfernen Sie sorgfältig den Schleifstaub mit Putzwolle.

2 Grundieren Sie den Rahmen mit einer Schicht Indischrot und schleifen ihn ab, bevor Sie die zweite Schicht auftragen. Entfernen Sie sorgfältig den Staub mit Putzwolle und lassen den Rahmen trocknen. Der rotfarbene Untergrund verstärkt den tiefen Ton der Goldbronze.

3 Tragen Sie eine Schicht Haftgrund auf den Rahmen auf (s. Kasten Seite 26). Sie trocknet in der Regel in 15–20 Minuten. Die Trockenzeit hängt jedoch vom Wetter ab. Der Haftgrund trocknet nicht völlig durch, sondern bleibt leicht klebrig, so daß die Goldblättchen daran haften bleiben. Klopfen Sie leicht mit den Knöcheln gegen den Rahmen, um

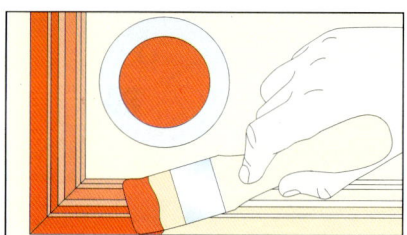

2 Tragen Sie auf den Rahmen zwei Schichten Indischrot auf, und lassen Sie diese trocknen.

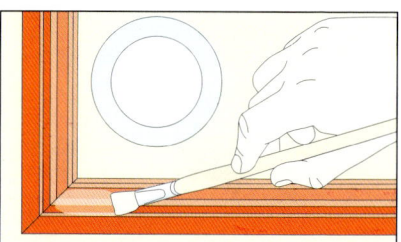

3 Dem Indischrot folgt eine gleichmäßige Schicht Haftgrund; sie trocknet innerhalb von 15–20 Minuten.

Die Vergoldung macht einen Bilderrahmen zu einem wahren Schmuckstück. Man sollte jedoch darauf achten, daß ein solcher Rahmen auch zu dem Bild paßt.

MATERIAL ZUM VERGOLDEN

UNECHTES BLATTGOLD

Unechtes Blattgold bekommt man in kleinen Heftchen. Zwischen den einzelnen, auf Stützpapier aufgebrachten Goldblättern liegt Seidenpapier. Echtes Blattgold ist viel teurer als unechtes. Sie können statt unechtem Blattgold auch unechtes Blattsilber verwenden.

ANLEGEÖL ODER HAFTGRUND

Anlegeöl dient als ölhaltiger Haftgrund als wasserhaltiger Klebstoff für das Blattgold. Im Gegensatz zu einem ölhaltigen läßt sich ein wasserhaltiges Medium leichter reinigen, es trocknet schneller und ist länger klebrig.

SIEGELERDE (POLIMENT)

Traditionell wurde unter dem Gold eine rötliche Schicht mit einem fetthaltigen Ton (Bolus) als Haftgrund und als warme, tiefe Grundfarbe aufgebracht. Heute wird mit einer fertigen roten oder rötlichbraunen Polimentpaste ein ähnlicher Effekt erzielt. Experimentieren Sie auch mit anderen Polimentfarben wie Dunkelgrün oder Dunkelblau. Auch diese Farbtöne schimmern wunderschön durch kleine Risse oder Fehlstellen im Blattgold.

festzustellen, ob die Leimtränke ausreichend getrocknet ist. Sie sollte sich klebrig, aber nicht feucht anfühlen. Berühren Sie die Oberfläche nicht mit dem bloßen Finger, da der Abdruck unter der dünnen Goldschicht sichtbar wäre.

4 Tragen Sie beim Anbringen des unechten Blattgoldes weiße Baumwollhandschuhe. Bringen Sie jeweils nur ein Blatt an. Halten Sie dieses über den Rahmen, und senken Sie es langsam herab. Halten Sie die Fenster geschlossen, da bereits leichte Zugluft die hauchzarten Blätter verwehen kann. (Die Blätter können der einfachen Handhabung halber auch in kleinere Teile geschnitten werden.) Ist ein Blatt mit dem Haftgrund in Berührung gekommen, dann klebt es ein für allemal. Nehmen Sie sich also für diesen Arbeitsschritt ausreichend Zeit.

5 Drücken Sie das Blatt mit einem weichen Tuch fest auf die Rahmenoberfläche, und verreiben Sie alle Falten.

6 Die aufgelegten Goldblättchen sollen wie Schuppen leicht überlappen, so daß sie den Rahmen vollständig bedecken. Dieser muß dann 24 Stunden trocknen.

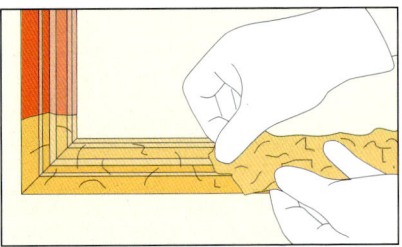

4 Tragen Sie weiße Baumwollhandschuhe, wenn Sie das unechte Blattgold auf den Rahmen aufbringen.

7 Im letzten Arbeitsgang wird der Rahmen mit einem weichen Tuch abgewischt, um alle losen Goldteile zu entfernen. Lücken schließen Sie mit übriggebliebenen Goldteilchen. Sie können natürlich auch die rote Grundierung durchschimmern lassen, was den Rahmen noch attraktiver macht.

8 Das fragile unechte Blattgold muß geschützt werden, da es sonst matt oder abgerieben wird. Fixieren Sie das Gold mit zwei Schichten Lack. Wasserlöslicher Lack beläßt dem Gold seinen Glanz, der unter Polyurethan- oder Öllack etwas stumpf wird und alt wirken kann.

Der warme, erdfarbene Ton der roten Grundierung schimmert durch die Risse des unechten Blattgoldes und verfeinert dessen Glanz.

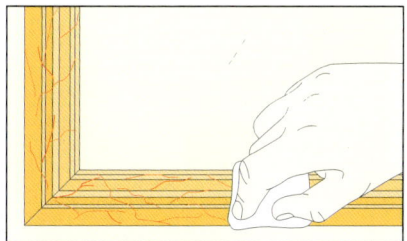

7 Wischen Sie nach dem Trocknen über die Rahmenoberfläche, dabei werden alle lockeren Teile entfernt.

VERWENDUNG
DES BLATTGOLDES

Blattgold ist äußerst empfindlich und kann leicht matt werden. Tragen Sie beim Auflegen der Goldblättchen Baumwollhandschuhe, da das Fett der Haut das Gold verfärben kann. Sie können Ihre Finger auch mit Talkum pudern, dadurch wird das Hautfett absorbiert.

Krakelee-Rahmen

Werden zwei unterschiedliche Lackschichten übereinander aufgetragen, entstehen beim Trocknen des Lacks Oberflächenspannungen, die zu Haarrissen führen – man glaubt, sie seien altersbedingt. Dieser Eindruck läßt sich durch braune Öllasur noch verstärken.

MATERIAL & WERKZEUG

- Rahmen
- Schleifpapier, feine Körnung
- Putzwolle
- Künstlerölfarbe: Metallicgold, Perlgrau
- Kleiner Flachpinsel für die Grundierung
- Lacke: Antiklack (1), Reißlack (2)
- Weiches, nichtfaserndes Tuch
- Braune Öllasur
- Flachpinsel für die Lackierung
- Überzuglack

VORGEHENSWEISE

1 Schleifen Sie die Oberfläche des Rahmens plan. Entfernen Sie den Schleifstaub mit Putzwolle.

2 Tragen Sie gleichmäßig zwei Schichten metallicgoldene Künstlerölfarbe auf. Lassen Sie die Anstriche trocknen. Es folgt eine Schicht perlgrauer Lack, die man wiederum gründlich durchtrocknen läßt. (Um die Imitation des Alters zu verstärken, können Sie den Rahmen nun leicht anschleifen, so daß die goldfarbene Grundierung durchschimmert.)

3 Tragen Sie mit dem Pinsel für die Grundierung den Antiklack (Arbeitsgang 1) auf. Lassen Sie den Rahmen ruhen.

4 Der Antiklack muß noch klebrig sein, wenn Sie den Reißlack (Arbeitsgang 2) auftragen. Den Rahmen trocknen lassen. Dies kann bis zu 24 Stunden dauern. Die Risse treten erst auf, wenn der Lack fast getrocknet ist.

5 Reiben Sie die braune Öllasur mit einem nichtfasernden Tuch in die Risse. Nehmen Sie mit dem Tuch das überschüssige Öl ab. Um den entstandenen Effekt zu betonen, können Sie diesen Arbeitsschritt auch wiederholen. Das Ganze gut trocknen lassen.

6 Benutzen Sie den Lackpinsel, um den Rahmen mit dem Lack zu fixieren.

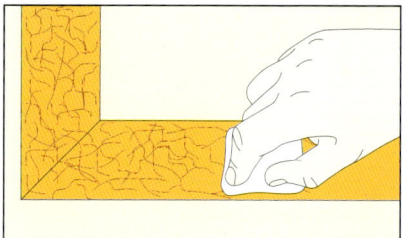

5 Um die Haarrisse zu betonen, reiben Sie den ganzen Rahmen mit brauner Öllasur ein.

Eine Krakelee-Oberfläche imitiert altersbedingte Rißbildungen im Farbüberzug eines Rahmens. Die Haarrisse auf der Oberfläche werden durch die Bearbeitung mit einer dünnen Öllasur hervorgehoben.

Mit Holzmotiven kann ein einfacher Holzrahmen preiswert verschönert werden. Unterschiedliche Holzmotive sind in Bastel- oder Heimwerkergeschäften erhältlich.

Verzierter Rahmen

Aufgeklebte Holzmotive und Goldfarbe machen einen einfachen Holzrahmen zu einem Blickfang. Ist der Bilderrahmen für das Kinderzimmer bestimmt, können Sie auch Zahlen aus Holz aufkleben und den Rahmen bunt bemalen.

MATERIAL & WERKZEUG

- Rahmen
- Schleifpapier, feine Körnung
- 25 mm große Holzmotive: Tulpen, Herzen
- Putzwolle
- Maßband
- Bleistift
- Kleiner Flachpinsel für den Leim
- PVA-Weißleim
- Flachpinsel für die Grundierung
- Cremefarbene Künstlerölfarbe
- Goldspray

VORGEHENSWEISE

1 Schleifen Sie mit einem feinkörnigen Schleifpapier die Rahmenoberfläche und die Kanten der hölzernen Tulpen und Herzen plan. Entfernen Sie den Staub mit der Putzwolle.

2 Zeichnen Sie mit Bleistift in gleichmäßigen Abständen (Maßband!) die Positionen der Holzmotive an.

3 Bestreichen Sie die Unterseite der Tulpen und Herzen mit Leim und pressen Sie diese auf die markierten Stellen. Anschließend trocknen lassen.

4 Grundieren Sie den Rahmen mit einer Schicht cremefarbener Künstlerölfarbe. Achtung: Es müssen sowohl die Innen- als auch die Außenkanten grundiert werden. Gut trocknen lassen.

5 Halten Sie die Spraydose in einem Abstand von 20–25 cm zum Rahmen. Besprühen Sie die Rahmenoberfläche vollständig mit einer dünnen, gleichmäßigen Schicht Goldfarbe, die gut trocknen muß.

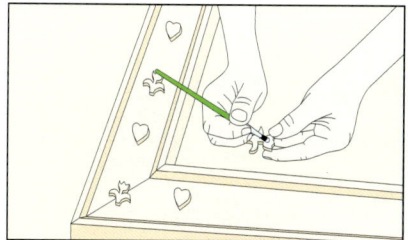

3 Bestreichen Sie die Rückseite der Holzmotive mit Leim, und pressen Sie diese fest auf den Rahmen.

5 Halten Sie die Spraydose beim Besprühen des Rahmens in einem Abstand von etwa 20–25 cm zur Oberfläche.

Künstlich gealterter Rahmen

Das künstliche Altern verleiht einem einfachen Rahmen einen Hauch Romantik. Noch authentischer wirkt es, wenn mit Nägeln scheinbare Altersspuren wie Druckstellen und Kratzer imitiert werden.

VORGEHENSWEISE

1 Schleifen Sie die Oberfläche des Rahmens plan. Entfernen Sie mit der Putzwolle den Staub vom Rahmen.

2 Grundieren Sie den Rahmen mit zwei Schichten Aquafarbe. Zwischen den Anstrichen leicht anschleifen.

3 Tragen Sie zwei Schichten Kobaltblau auf. Lassen Sie die erste Schicht trocknen, dann schleifen Sie sie leicht an.

4 Wickeln Sie das Schleifpapier für den Naßschliff um den Korkschleifklotz, tauchen Sie diesen kurz ins Wasser. Schleifen Sie in Faserrichtung, so daß die Farbe stellenweise abgeschliffen wird und die Grundierung durchscheint. Vorsicht: Vor allem an den ‚erhöhten' Stellen des Rahmens ist man im Nu bis aufs blanke Holz durch!

MATERIAL & WERKZEUG

- Rahmen
- Schleifpapier, feine Körnung, feine Körnung zum Naßschleifen
- Putzwolle
- Flachpinsel für die Grundierung
- Künstlerölfarbe: Aqua, Kobaltblau
- Korkschleifklotz
- Dünnes Küchentuch
- Weicher Flachpinsel für die Lackierung
- Matter Wasserlack

5 Wischen Sie mit einem feuchten Küchentuch alle Farbreste ab, bevor Sie den Rahmen mit Lack fixieren.

6 Bringen Sie zum Abschluß zwei oder drei Schichten wasserlöslichen Lack auf. Den Lack zwischen den Anstrichen gut trocknen lassen.

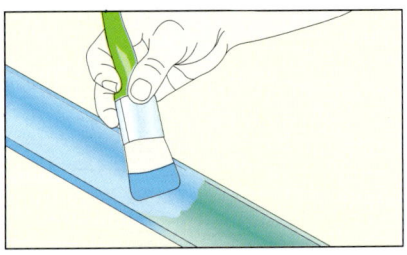

3 Tragen Sie die beiden Schichten Kobaltblau erst auf, nachdem die Grundierungen in Aquafarbe getrocknet sind.

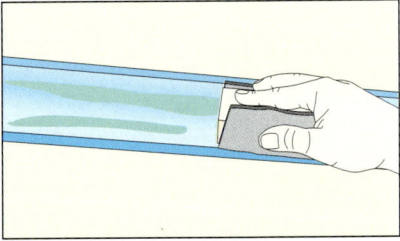

4 Schleifen Sie die Deckfarbe stellenweise ab, so daß die aquafarbene Grundierung sichtbar wird.

Die Kombination von Aqua und Blau wirkt bei diesem auf alt getrimmten Rahmen besonders schön. Doch auch mit anderen Farbkombinationen, wie gelb über cremefarbener oder marineblau über roter Grundierung, erzielen Sie einen interessanten Effekt.

Der geschwämmelte Rahmen wird durch das Flachrelief veredelt. Das Flachrelief wird leicht mit brauner Öllasur eingerieben. Dies verleiht dem Rahmen einen Hauch von Nostalgie.

Rahmen mit Basrelief

Die Reliefstruktur dieses aparten dreidimensionalen Designs wird mit Hilfe einer Schablone aus Papiermaché hergestellt. Das Basrelief (Flachrelief) wird mit Ölfarbe auf alt getrimmt.

MATERIAL & WERKZEUG
- Rahmen
- Schleifpapier, feine Körnung
- Putzwolle und weiches Tuch
- Pinsel für die Grundierung
- Künstlerölfarbe:
  Perlgrau, Jade
- Palette
- Schwamm
- Papiertuch
- Vorgefertigte Schablone
- Klebeband
- Palettenmesser
- Papiermaché
- Braune Öllasur
- Dunkle Patinierlasur
- Goldpaste
- Weicher Flachpinsel für
  die Lackierung
- Überzuglack

GESCHWÄMMELTER RAHMEN

1 Schleifen Sie die Rahmenoberfläche plan. Entfernen Sie den Schleifstaub mit Putzwolle vom Rahmen.

2 Grundieren Sie den Rahmen mit perlgrauer Farbe. Lassen Sie den Rahmen trocknen.

3 Geben Sie die gleiche Menge Jade- und Perlgraufarbe auf die Palette. Tauchen Sie den angefeuchteten Schwamm in beide Farben. Tupfen Sie die überschüssige Farbe auf einem Blatt Papier ab. Tragen Sie nun die Farbe mit dem Schwamm auf den Rahmen auf, wobei Sie den Schwamm langsam von Seite zu Seite führen, so daß die beiden Farben sich miteinander vermischen. Bringen Sie so die Farbe in der gewünschten Intensität auf den Rahmen auf. Lassen Sie den Anstrich trocknen.

ALTERNATIVE

Fertigen Sie wie beschrieben ein falsches Holzrelief. Grundieren Sie den Rahmen mit gelber Farbe und bringen Sie das Papiermaché mit Hilfe einer Schablone auf. Nach dem Trocknen des Papiermachés bemalen Sie den Rahmen mit wasserlöslicher brauner Künstlerölfarbe. Überschüssige Farbe mit einem Lappen abwischen.

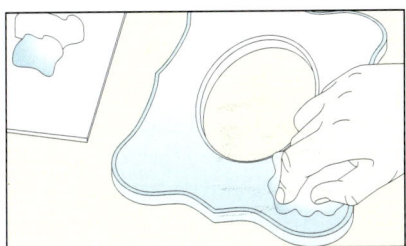

3 Schwamm in Jade- und Perlgraufarbe tupfen, überschüssige Farbe abnehmen und Rest auf den Rahmen aufbringen.

Um einen antiken Effekt zu erzielen, sollte die dunkle Öllasur auch auf die Kanten des Flachreliefs aufgetragen werden.

AUFBRINGEN
DES PAPIERMACHÉS

4 Legen Sie die Schablone auf den Rahmen und kleben Sie sie fest. Beim Entfernen verbleiben am Klebeband keine Farbreste. Streichen Sie mit dem Palettenmesser das Papiermaché über die Schablone. Das Papiermaché füllt die ausgeschnittenen Stellen der Schablone aus.

5 Streichen Sie die Oberfläche des Papiermachés mit dem Palettenmesser glatt und nehmen Sie die Schablone vorsichtig ab. Auf die gleiche Art können Sie weitere Reliefs auf den Rahmen aufbringen. Das Papiermaché muß 24 Stunden durchtrocknen. Reinigen Sie die Schablone und das Palettenmesser.

LACKIERUNG

6 Tragen Sie die braune Öllasur sparsam auf den Rahmen auf. Verteilen Sie die Öllasur mit einem weichen, mit dunkler Patinierlasur benetzten Tuch über die Oberfläche. Polieren Sie die Oberfläche des Rahmens, bis das gewünschte ,Alter' erzielt ist. Entfernen Sie die überschüssige Ölfarbe.

7 Tragen Sie zuletzt mit dem Finger eine kleine Menge Goldpaste auf die äußere Rahmenkante auf. Der Rahmen muß 24 Stunden trocknen, bis die antikisierenden Schichten durchgetrocknet und haltbar sind.

8 Zum Schluß wird der Rahmen mit Lack fixiert.

SCHNEIDEN EINER SCHABLONE

Mit Schablonen kann jeder eine Oberfläche kunstvoll verzieren. Fertige Schablonen erhalten Sie in Bastel- oder Heimwerkergeschäften. Reizvoller und dazu einfach ist es, eigene Schablonen herzustellen. Als Schablone kann beinahe jedes Material dienen. Durchsichtige Acetatfolie oder Ölkarton eignen sich jedoch am besten. Sollten Sie Ölkarton verwenden, zeichnen Sie das Motiv auf Pauspapier, und übertragen Sie es auf den Karton. Verfahren Sie dann wie in den Schritten 2 und 3 beschrieben.

1 Legen Sie die Acetatfolie auf das ausgewählte Motiv, und kleben Sie sie fest. Zeichnen Sie mit einem Filzstift das Motiv auf der Folie nach.

2 Legen Sie den Ölkarton (bzw. die Folie) auf die Schneideunterlage. Eine gummierte Schneidematte eignet sich hierfür am besten. Statt dessen kann auch ein kleiner Stapel Zeitungen verwendet werden.

3 Schneiden Sie mit einem Cutter oder mit einem Skalpell das Motiv entlang der Linien heraus. Führen Sie das Messer – in einem Zug, also ohne es abzusetzen – um

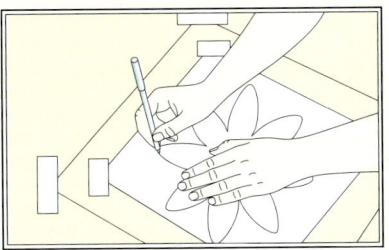

1 *Legen Sie die Acetatfolie auf das Motiv und pausen Sie dieses mit einem Filzstift ab.*

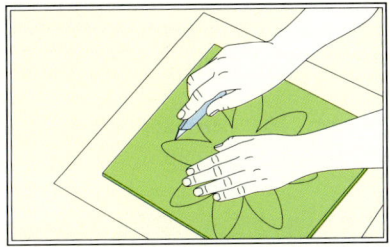

3 *Legen Sie den Ölkarton auf die Schneideunterlage, und schneiden Sie die Schablone vorsichtig mit einem Cutter aus.*

das Motiv, sonst bekommt Ihre Schablone kleine Zacken. Wenn Sie hingegen mit dem Cutter unter gleichmäßigem Druck bis in die Unterlage schneiden, erhalten Sie scharfe Konturen.

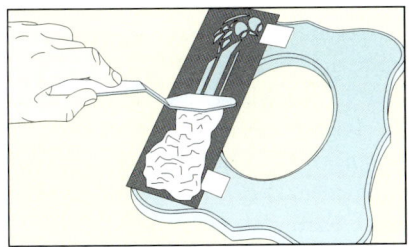

4 *Verteilen Sie das Papiermaché mit einem Palettenmesser. Es füllt die negativen Formen der Schablone.*

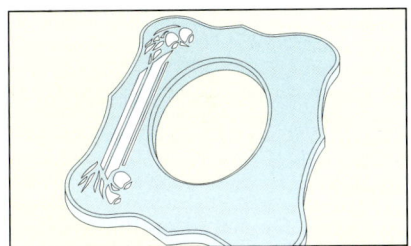

5 *Streichen Sie das Papiermaché glatt, und ziehen Sie vorsichtig die Schablone ab.*

Bilderrahmen aus Karton

Bilderrahmen können auch aus anderen Materialien als Holz gemacht werden. Um ein dynamisches, abstraktes Muster zu erzielen, wird dieser Bilderrahmen aus Karton mit Schmelzkleberlinien aus einer Heißklebepistole überzogen.

VORGEHENSWEISE

1 Zeichnen Sie auf dem Karton einen umlaufenden Streifen von 6 cm Breite an. Es entsteht im Inneren ein zentrisch sitzendes Quadrat von 15 x 15 cm.

2 Legen Sie den Karton auf die Schneideunterlage, und schneiden Sie mit dem Cutter am Lineal entlang das mittlere Quadrat aus. Legen Sie dieses beiseite, es wird später als Rückwandpappe dienen.

3 Schalten Sie die Klebepistole ein, und tragen Sie den Schmelzleim in dicken geschwungenen Linien auf das Passepartout auf. Sie können auch zuvor ein entsprechendes Linienmuster mit Bleistift auf dem Karton vorzeichnen. Sollten Sie statt Klebstoff Strukturfarbe verwenden, machen Sie in die Spitze der Tube ein großes Loch, so daß die Farbe dick herausfließen kann.

4 Den Leim gut trocknen lassen, bevor Sie auf den Rahmen zwei Schichten Französischblau auftragen.

5 Tragen Sie mit dem Bürstenpinsel auf einige der Erhöhungen Goldpaste auf. Wischen Sie mit einem Tuch die überschüssige Paste weg.

MATERIAL & WERKZEUG
- Lineal
- Bleistift
- Karton, 27 x 27 cm
- Schneideunterlage
- Cutter
- Schmelzkleber oder Strukturfarbe
- Künstlerölfarbe: Französischblau
- Billiger Borstenpinsel
- Goldpaste
- Nichtfaserndes Tuch
- Pinsel für den Lack
- Satin-Wasserlack

6 Fixieren Sie den Rahmen mit zwei Schichten Lack. Die erste Schicht gut trocknen lassen.

7 Legen Sie das Photo oder das Kunstwerk ein (ganz nach Belieben auch mit Passepartout oder Glas), und kleben Sie die Rückwand auf die Rückseite des Rahmens. Um den Rahmen aufstellen zu können, kleben Sie ein rechteckiges Stück Karton als Stütze auf der Rückseite an. Sie können auch einen Haken zum Aufhängen des Rahmens auf der Rückseite befestigen.

Schmelzkleberlinien erzeugen auf dem Rahmen einen prägeartigen Effekt, den man auch mit Strukturfarbe erzielen kann.

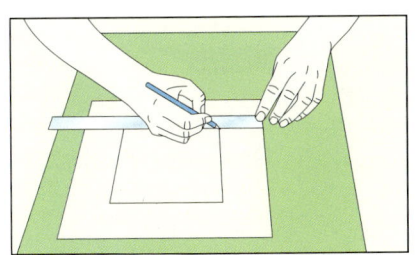

1 Messen Sie von den Außenkanten 6 cm ab, und zeichnen Sie entsprechende Streifen für das innere Quadrat.

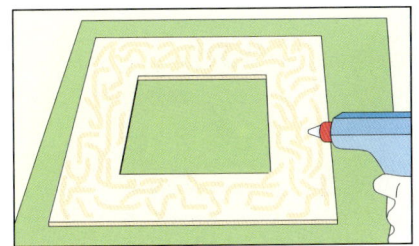

3 Führen Sie die Klebepistole in Schwüngen über den Rahmen, so daß ein dynamisches Muster entsteht.

Modellierter Kartonrahmen

Karton ist ein günstiges und vielseitig verwendbares Material für die Herstellung von Bilderrahmen. Dieser farbenfrohe dreidimensionale Rahmen wird aus Karton hergestellt und mit einer dicken, pinkfarbenen Schicht Modelliermasse bedeckt.

VORGEHENSWEISE

1 Zeichnen Sie mit Bleistift und Lineal die Maße des Rahmens auf den Karton (s. Abbildung Seite 42).

2 Legen Sie den Karton auf die Schneideunterlage, und schneiden Sie mit dem Cutter das Quadrat in der Mitte aus. Dieses kann später als Rückwandpappe für das Bild dienen.

3 Verlängern Sie die Rahmenschenkel nach außen um das Vierfache (s. Abbildung Seite 42). Ritzen Sie den Karton mit dem Cutter an den gestrichelten Linien ein, schneiden Sie ihn nicht durch.

4 Falten Sie den Karton entlang der gestrichelten Linien nach innen. Fixieren Sie den entstehenden Papierquader (Rahmenrohling) mit Klebeband.

MATERIAL & WERKZEUG

- Bleistift
- Lineal
- Karton
- Schneideunterlage
- Cutter
- Klebeband
- PVA-Weißleim
- Zeitungen
- Alter Pinsel zum Auftragen des Leims
- Palettenmesser
- Modelliermasse
- Künstlerölfarbe: Rosa
- Palette
- Schablonierpinsel
- Papiertuch
- Pinsel für die Lackierung
- Wasserlack

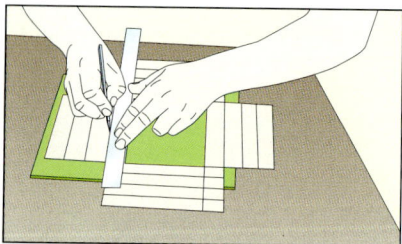

3 Jeder Rahmenschenkel wird in vierfacher Breite angelegt.

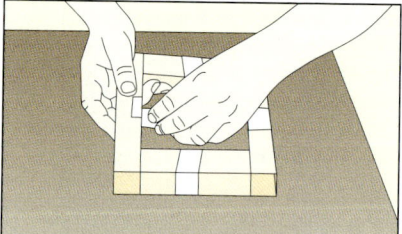

4 Die Kartonstreifen entlang der eingeritzten Linien nach innen falten und den Rahmenrohling mit Klebeband fixieren.

Die farbenfrohe, problemlos zu fertigende, modellierte Rahmenstruktur um das aparte Gerberamotiv läßt diesen Bilderrahmen zu einer dekorativen Zierde eines Jugend-zimmers werden.

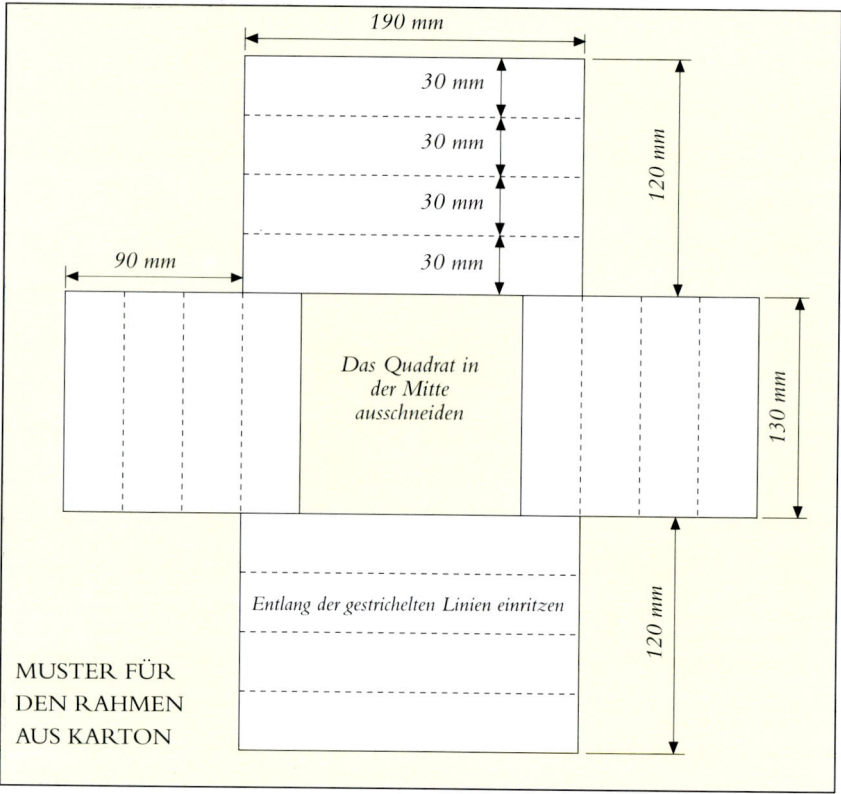

190 mm

30 mm

30 mm

30 mm

120 mm

90 mm

30 mm

*Das Quadrat in
der Mitte
ausschneiden*

130 mm

Entlang der gestrichelten Linien einritzen

120 mm

MUSTER FÜR
DEN RAHMEN
AUS KARTON

RAHMEN DEKORIEREN

Es gibt viele Möglichkeiten, Rahmen zu dekorieren. Probieren Sie doch diese einfach umzusetzenden Ideen aus. Alles, was Sie brauchen, ist Klebstoff, allerlei Krimskrams zum Dekorieren und Ideen für die Gestaltung.

- Kleben Sie bunte Perlen, Perlenketten oder geschliffene Steine auf den Rahmen. Arrangieren Sie die Perlen in geschwungenen Linien oder geometrischen Mustern.

- Die Natur liefert nicht nur Ideen für die Gestaltung, sondern auch gleich das dafür notwendige Material. Ein Rahmen zum Thema Meer kann mit kleinen Muscheln oder Treibholzstücken beklebt werden. Auch Nüsse, Blätter oder kleine Tannenzapfen können Rahmen zieren.

- Knöpfe verschiedener Größe, Form oder Farbe können Rahmen schmücken. Solch ein buntes Sammelsurium kann entweder in seiner Farbenfülle belassen oder nach dem Trocknen des Klebstoffs nach Belieben farbig besprüht werden.

5 Mischen Sie Leim und Wasser im Verhältnis 4:1. Reißen Sie Zeitungspapier in kleine Stücke, weichen Sie diese im angerührten Leim ein, und kleben Sie sie auf den Rahmen.

6 Bestreichen Sie die Schicht aus Schnipseln zweimal dick mit Leim, und lassen Sie das Ganze durchtrocknen.

7 Verteilen Sie mit einem Palettenmesser die Modelliermasse großzügig auf der gesamten Rahmenoberfläche (vorn, seitlich und hinten), so daß eine erhabene Struktur entsteht. Den Rahmenrohling gut trocknen lassen.

8 Geben Sie ein wenig rosa Farbe auf die Palette. Tauchen Sie den Schablonierpinsel in die Farbe, tupfen Sie die überschüssige Farbe auf einem Papiertuch ab. Bringen Sie die Farbe in vielen Tupfen auf die erhabene Struktur auf, bis ein gleichmäßiger Farbeindruck entsteht.

9 Die Farbe trocknen lassen und den Rahmen mit mehreren Schichten Satinlack fixieren. Kleben Sie das Kunstwerk auf die Rückwandpappe, und setzen Sie diese in den Rahmen.

Der Rahmen wird mit dem Schablonierpinsel rosa bemalt.

ALTERNATIVE DEKORATIONEN

Es gibt viele Möglichkeiten, Papiermachérahmen zu dekorieren. Stellen Sie den Rahmenrohling, wie bei den Arbeitsschritten 1–6 beschrieben, her. Lassen Sie ihn gut durchtrocknen. Formen Sie aus Modelliermasse unterschiedliche Motive (Sterne oder Herzen), oder schneiden Sie entsprechende Motive aus Karton aus. Kleben Sie diese auf den Rahmen. Grundieren Sie den Rahmen weiß, dann folgt der farbige Anstrich. Zum Schluß zwei bis drei Schichten Satinlack.

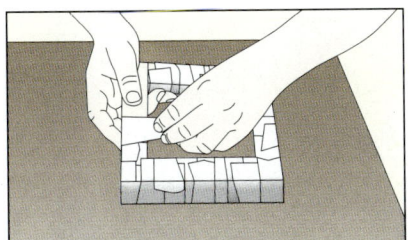

5 Weichen Sie Papierschnipsel in der Klebstoffmischung ein, und kleben Sie sie auf den Rahmen.

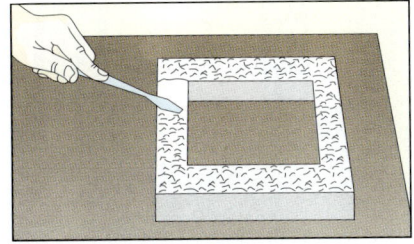

7 Mit dem Palettenmesser die Modelliermasse reichlich auf Vorder- und Rückseite und auf die Rahmenseiten auftragen.

Farbenfrohe Blumenmotive auf tiefblauen Hintergrund lassen den Rahmen zu einem Blickfang werden.

Rahmen aus Papiermaché

Das Papiermaché, das wörtlich ‚verformbares Papier' bedeutet, ist eine formbare Masse aus eingeweichtem, mit Leim, Stärke u.a. vermischtem, zerkleinertem Altpapier, die nach dem Trocknen fest wird. Diese Masse kann zu verschiedenen Körpern geformt werden.

MATERIAL FÜR PAPIERMACHÉ

- Zerrissenes Papier, etwa eine Einkaufstasche voll
- Großer, stabiler Eimer
- Kochendes Wasser
- Mixer
- Filter oder feinmaschiges Sieb
- Große Schüssel
- Leim (s. Kasten Seite 48)
- Weiße Farbe oder Schlämmkreide (wahlweise)

DIE HERSTELLUNG VON PAPIERMACHÉ

Die Herstellung von Papiermaché ist einfach und darüber hinaus eine gute Möglichkeit, Altpapier zu nützlichen und dekorativen Dingen zu verarbeiten. Mixer, Sieb, Leim und Wasser ist alles, was Sie dazu benötigen. Sie können auch vorgefertigtes Papiermaché in Bastel- und Hobbygeschäften kaufen.

1 Geben Sie das Papier in einen Eimer und bedecken Sie es mit kochendem Wasser. Verteilen Sie das zerkleinerte Papier, so daß das Wasser alles gleichmäßig benetzt. Vergewissern Sie sich, daß sich zwischen den Papierstücken kein Plastik (z.B. von Fensterumschlägen) befindet. Lassen Sie das Ganze über Nacht stehen.

2 Um einen sehr feinen Brei zu bekommen, gießen Sie das abgekühlte Wasser ab und wiederholen den 1. Arbeitsschritt. Sie können den Brei auch – ausreichend mit Wasser bedeckt – in einem Topf etwa 15 Minuten kochen.

3 Zerkleinern Sie den Papierbrei mit einem Mixer, so daß das Papier fasrig wird. Richtig Erfolg haben Sie dann, wenn Sie zwischendurch immer wieder etwas Wasser zugeben.

4 Gießen Sie den Brei durch ein Sieb, damit das überschüssige Wasser abfließt.

5 Gießen Sie den Brei in eine Schüssel. Nach und nach kommt Leim dazu. Wenn Sie Weißleim verwenden, nehmen Sie nur $1/2-3/4$ Liter Wasser – (s. Klebstoffe Seite 48). Sie können Schlämm-

4 Gießen Sie den Brei durch ein Sieb, damit das überschüssige Wasser abfließen kann.

kreide (2 Teelöffel je $^1/_2$ Liter Leim) als zusätzliches Dickungsmittel hinzugeben.

6 Mischen Sie den Brei und den Leim mit den Händen, bis dieser eine weiche, lehmartige Beschaffenheit hat. Dies muß mit den Händen durchgeführt werden, da mechanische Mixer nicht dasselbe Ergebnis erzielen. Das Papiermaché darf nicht zu naß sein, da es sich dann nur schwer verarbeiten läßt und nach dem Trocknen nicht die gewünschte Festigkeit aufweist. Am besten verarbeiten Sie das Papiermaché sofort. Es kann auch über Nacht mit Frischhaltefolie abgedeckt − oder in einem luftdichten Behälter verschlossen − gelagert werden.

RAHMENFORMEN

Viele Haushalts- und Küchengegenstände können als Formen für die Herstellung von Rahmen benutzt werden. Obgleich Plastik am einfachsten zu handhaben ist − es gibt etwas nach, und der Rohling ist leicht herauszulösen −, können auch rostfreie Stahl-, Glas- und sogar Holzformen verwendet werden. Behälter aus Tupperware, Tabletts und Servierplatten eignen sich ebenso. Einige Formen haben erhöhte Muster, die dem Rahmen eine aparte Note geben können. Achten Sie bei der Wahl der Form darauf, daß diese keine Kerben oder Ränder hat, die das Herauslösen des Rahmenrohlings erschweren. Rahmenformen, die nicht aus Plastik oder Glas sind, müssen gut mit Vaseline ausgekleidet werden, damit das Papiermaché leicht herauszulösen ist. Hier wird ein Blumentopfuntersetzer aus Plastik als Rahmenform verwendet.

PROBLEMLÖSUNGEN

NASSER BREI

Ist das angerührte Papiermaché zu schlabbrig und nur schwer zu verarbeiten, enthält dieses womöglich zuviel Wasser. Drücken Sie soviel Wasser wie möglich aus, bevor Sie den Leim und die Schlämmkreide zugeben. Sollte dies nicht ausreichen, geben Sie noch ausgedrückten Brei in die Mischung.

HARTER BREI

Ist das angerührte Papiermaché zu fest, geben Sie entweder noch Leim hinzu oder kneten den Teig mit Ihren Händen, die Sie in Leim tauchen, durch.

AUSLÖSEN DES BREIS

Löst sich das Papiermaché nur schwer aus der Form, ist es womöglich noch nicht durchgetrocknet. Lassen Sie den Rohling noch einige Zeit in der Form ruhen. Sollte er auch dann nur schwer herauszulösen sein, ist die Form nicht ausreichend mit Vaseline eingefettet worden. Versuchen Sie die Form leicht auseinanderzuziehen oder mit einem Gummihammer auf die Stelle zu klopfen, an der der Rohling zu haften scheint.

Als letztes versuchen Sie das Papiermaché in der Form zu drehen, während Sie diese festhalten. Sollten Teile des Rohlings in der Form haften bleiben, kann dieser mit Holzkitt ausgebessert werden.

Fetten Sie Formen, die nicht aus Glas oder Plastik bestehen, mit der doppelten Menge Vaseline ein, die Sie üblicherweise verwenden würden.

MATERIAL FÜR DEN RAHMEN

- Rahmenformen: zwei Blumentopf-
  untersetzer in gewünschter Größe,
  kleinerer Untersetzer (mindestens
  8 cm kleiner)
- Vaseline
- Ziegelstein oder Gewicht
- Papiermaché
  (Herstellung s. Seite 45)
- Runde Konfektformen
- PVA-Weißleim
- Löffel oder flaches Messer
  zum Formen
- Schleifpapier, feine Körnung
- Vorstreichfarbe oder
  Acrylgrundierung
- Holzkitt für kleine Löcher
  (wahlweise)
- Flachpinsel, ca. 25 mm breit, für die
  Grundierung, Kielpinsel, Malpinsel
- Künstlerölfarben: Grün, Weiß,
  Rot, Blau, Gelb, Schwarz
- Bleistift
- Kohlepapier
- Pauspapier
- Kopierstift
- Karton
- Schere
- Flachpinsel, ca. 25 mm breit,
  für die Lackierung
- Wasser- oder Öllack

HERSTELLEN EINES PAPIER-MACHÉ-RAHMENS

1 Fetten Sie die Innenseite des großen Untersetzers und die Außenseite des kleinen Untersetzers mit einer dünnen Schicht Vaseline ein, damit sich das getrocknete Papiermaché aus der Form lösen läßt.

2 Legen Sie den kleineren Untersetzer mit der Oberseite nach unten in die Mitte des größeren. Beschweren Sie diesen mit einem Ziegelstein, damit er nicht verrutschen kann.

3 Pressen Sie kleine Mengen des angerührten Papiermachés in den Spalt zwischen den beiden Untersetzern. (Das Papiermaché kann in Bastelgeschäften gekauft oder gemäß der Anleitung auf Seite 45 hergestellt werden.) Geben Sie acht, daß Sie den kleineren Untersetzer nicht verschieben, da sonst der Rahmen ungleichmäßig wird.

4 Füllen Sie die gesamte Form mit dem angerührten Papiermaché. Formen Sie den Brei mit den Fingern oder der Rundung eines Löffels in die gewünschte Form.

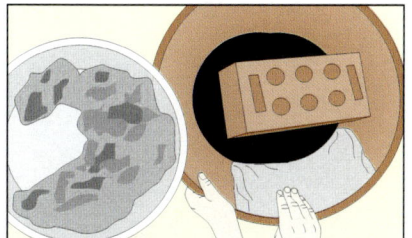

3 Nehmen Sie eine Handvoll angerührtes Papiermaché und pressen Sie es in die Form.

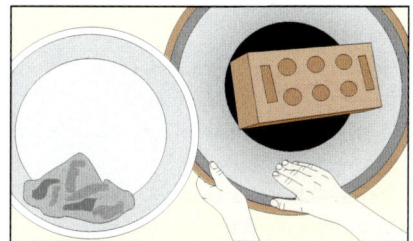

4 Füllen Sie den Untersetzer mit Brei und schrägen Sie die Rahmenkanten mit den Fingern ab.

5   Entfernen Sie nun den inneren Untersetzer und glätten Sie die Kanten. Der
Untersetzer muß entfernt werden, bevor
das Papiermaché völlig getrocknet ist,
sonst haftet es womöglich daran und
wird beim Herausnehmen beschädigt.

6   Streichen Sie runde Konfektformen
mit Vaseline aus, und füllen Sie Papiermaché hinein. Die kleinen Halbkugeln
bilden später die Blütenmitten. (Für einen Rahmen von etwa 38 cm Umfang
werden acht Blüten benötigt.)

7   Legen Sie die Rahmenrohlinge zum
Trocknen an einen warmen Platz. Es
kann bis zu einer Woche dauern, bis die
Masse durchgetrocknet ist.

8   Nach etwa ein bis zwei Tagen ist der
Rahmen außen trocken, der Kern aber
noch weich. Glätten Sie nun die Oberfläche mit der Rundung eines in Leim
getauchten Löffels. Dies verdichtet das
Papiermaché, der Rahmen wird glatter
und stabiler. Das Papiermaché muß vor
dem Bemalen völlig durchgetrocknet
sein, da sonst die Farbe durch die Oberfläche sickert oder später abblättert. Das
Papiermaché ist ausgetrocknet, wenn es
auf Druck nicht mehr nachgibt.

9   Auf den getrockneten Rohling werden die Halbkreise in einem Abstand
von etwa 11 cm aufgeklebt. Die Ab-
stände variieren je nach Rahmengröße.

BEMALEN DES RAHMENS
10   Schleifen Sie die Kanten des Rahmens glatt, und bürsten Sie den Staub
sorgfältig ab. Der Rahmen wird nun mit
einer Vorstreichfarbe oder mit einer
Acrylgrundierung gestrichen. Unebenheiten füllen Sie mit Holzkitt aus.

*8   Glätten Sie die Oberfläche mit einem
Löffel, dessen Rundung in Leim getaucht
wurde. So wird die Masse kompakter.*

Die Blütenblätter und Blütenmitten werden als Kontrast zum Untergrund mit einer dünnen schwarzen Linie umrandet.

11 Lackieren Sie den Rahmen mit grüner Farbe. Falls notwendig, eine zweite Schicht auftragen. Lassen Sie die einzelnen Schichten trocknen.

12 Übertragen Sie das Blütenmuster von Seite 62 mit Kohlepapier und Bleistift auf ein Stück Karton. Schneiden Sie das Blumenmuster aus.

13 Legen Sie die Pappschablone auf den Rahmen auf, und zeichnen Sie die

Konturen der Blüten nach. Übertragen Sie das Muster auf den ganzen Rahmen, die Blüten können auch überlappen.

14 Grundieren Sie die Blüten zunächst weiß, dann folgen zwei farbige Anstriche. Zeichnen Sie die Konturen der Blüten und die Punkte in der Blütenmitte mit einem feinen Malpinsel (Haarpinsel). Lassen Sie die Farbe trocknen.

15 Tragen Sie mindestens zwei Schichten Lack auf. Wählen Sie dabei ganz nach Belieben unter Hochglanz-, Seidenglanz- oder Mattglanzlack Ihren Favoriten aus.

16 Sie können in einen solchen Rahmen sowohl einen Spiegel als auch ein Bild setzen. Bilder sind stabiler, wenn sie zuvor auf einen Karton oder auf Sperrholz aufgezogen werden. Befestigen Sie nun den Rahmen mit starkem Klebstoff auf Karton (Bild) oder auf Sperrholz (Spiegel). Die Rückwand eines Spiegels wird zusätzlich mit einigen Schrauben gesichert. Streichen Sie zum besseren Halt die Schrauben mit Leim ein.

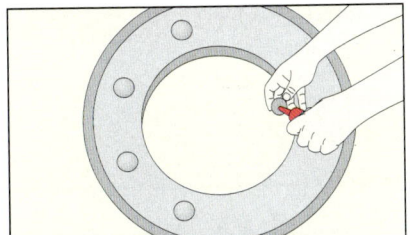

9 Kleben Sie die Halbkreise aus Papiermaché in einem Abstand von etwa 11 cm auf den Rahmen.

14 Mit einem feinen Pinsel werden die Konturen aufgemalt und kleine schwarze Punkte in die Blüten getupft.

Die Ergebnisse der Decoupiertechnik sind beeindruckend, doch zunächst erfordert das Ausschneiden und Aufkleben der Motive etwas Zeit. Das religiöse Motiv korrespondiert hervorragend mit dem ikonenartigen Flügelrahmen.

Beklebter Flügelrahmen

Dieser Flügelrahmen wurde mit einer Mischung aus Schwämmel- und Klebetechnik dekoriert. Zwei Flügel aus Spanplatte hängen an einem massiven Holzrahmen. Zunächst wird mit einem Schwamm Farbe auf den Rahmen und die Flügel gestrichen, bevor das Papier für die Decoupage angebracht wird.

MATERIAL & WERKZEUG FÜR DEN RAHMEN

- Rahmenleiste, Länge 1,5 m
- Brett oder Spanplatte, 12 mm dick
- Lineal
- Bleistift
- Elektrostichsäge, Handsäge
- Schraubzwingen
- 4 Scharniere (Möbelbänder) aus Messing
- Bohrer
- Schraubendreher

HERSTELLEN DES RAHMENS

1 Verarbeiten Sie die Rahmenleisten für einen Rahmen wie beim Bau eines Leistenrahmens, Seite 11, beschrieben. Verwenden Sie für den Flügelrahmen ein flaches Leistenprofil, da die Flügel sonst nicht gut schließen. Die Maße dieses Rahmens betragen 250 x 250 mm. (Sie können die Maße natürlich nach Ihren Vorstellungen verändern.)

2 Zeichnen Sie zunächst auf die 12 mm dicke Spanplatte ein Quadrat mit den Abmessungen 250 x 250 mm auf. Sie können den Rahmen als Schablone benützen.

3 Sägen Sie mit der Elektrostichsäge oder einer Handsäge an der markierten Linie entlang. Die Spanplatte hat nun die gleichen Maße wie der Rahmen.

4 Zeichnen Sie die Mittellinie auf die Platte und sägen Sie sie in zwei Hälften. Legen Sie beide Hälften auf den Rahmen, und fixieren Sie sie dort mit Schraubzwingen.

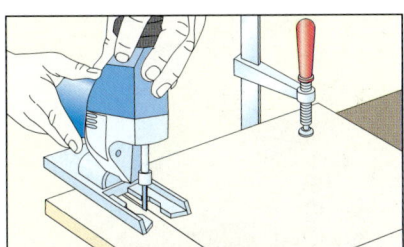

3 Zeichnen Sie ein Quadrat auf (250 x 250 mm) und sägen Sie es entlang der aufgezeichneten Linien aus.

4 Schneiden Sie das Quadrat in Hälften, legen diese auf den Rahmen, und befestigen Sie alles mit Schraubzwingen.

MATERIAL & WERKZEUG
FÜR DIE DECOUPAGE

- Rahmen mit Flügeln
  (s. Herstellen des Rahmens,
  Seite 51)
- Flachpinsel für den Grundanstrich
- Schleifpapier, feine Körnung
- Putzwolle
- Künstlerölfarben: Perlgrau,
  Cölinblau, Lasur-Oxid-Rot
- Iridescent Medium
  (Liquitex)
- Palette
- Naturschwamm
- Papiertuch
- Klebeband
- Flachpinsel für den Vorlack,
  ca. 25 mm breit
- Wasserlack (s. Kasten über das
  Lackieren von Papier, Seite 54)
- Kleine gebogene Nagelschere
- Decoupagepapier (s. Kasten über
  Decoupagepapier, Seite 54)
- PVA-Weißleim
- Decoupagekleber
- Roller
- Lack
- Cutter oder Skalpell

5 Markieren und bohren Sie die Löcher für die Scharniere. Bringen Sie die Scharniere an, bevor Sie die Schraubzwingen lösen.

6 Der Flügelrahmen ist nun fertig. Sie können auch an der Vorderseite einen Messingschnappverschluß anbringen.

DIE DECOUPAGE

7 Die Scharniere abschrauben und beiseite legen. Grundieren Sie den Rahmen und die Flügel mit zwei Schichten perlgrauer Farbe. Die erste Schicht nach dem Trocknen leicht anschleifen.

8 Geben Sie die Künstlerölfarben Cölinblau, Lasur-Oxid-Rot und das Iridescent Medium auf eine Palette. Nehmen Sie mit dem Schwamm Cölinblau und ein wenig Lasur-Oxid-Rot und Iridescent Medium auf. Tupfen Sie die überschüssige Farbe auf einem Papiertuch ab. Tragen Sie die Farbe auf den Rahmen und die Flügel auf, wobei die Außenkanten dunkler als die Innenseiten eingefärbt werden. Das Iridescent Medium verleiht den Farben einen Perlmuttglanz. Tragen Sie es zur Mitte hin dicker auf. Dies läßt Maria wie in einem Strah-

5 Bohren Sie die Löcher für die Scharniere und bringen Sie diese vor dem Entfernen der Schraubzwingen an.

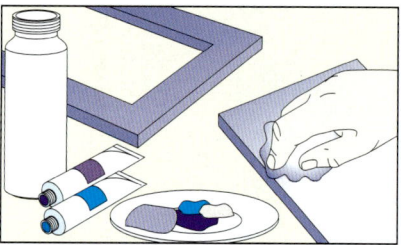

8 Tragen Sie mit einem Schwamm die Farbmischung auf den gesamten Rahmen und die Rahmenflügel auf.

lenglanz erscheinen. Nachdem die Farbe durchgetrocknet ist, die Oberfläche mit einem feinen Schleifpapier leicht anschleifen. Wischen Sie den Staub ab.

9 Bemalen Sie die Kanten der Flügel und des Rahmens mit Cölinblau und Lasur-Oxid-Rot.

10 Kleben Sie einen dünnen Streifen Klebeband auf die äußere und innere Rahmenkante. Bringen Sie mit dem Schwamm einen helleren Streifen Iridescent Medium auf, vermischt mit ein wenig Cölinblau und Lasur-Oxid-Rot.

11 Lackieren Sie die Vorder- und die Rückseite der Decoupagepapiere (s. Kasten über Decoupagepapiere, Seite 54). Gut trocknen lassen.

12 Schneiden Sie mit der Schere, die Scherenspitze weist von Ihnen weg, vorsichtig die Engel und Maria für die Vorderseite der Rahmenflügel aus. (Sollten Sie ein anderes Bild verwenden, schneiden Sie den Hintergrund weg.) Es folgen die Engel für die Innenseite der Flügel. Nehmen Sie sich für das Ausschneiden der filigranen Motive Zeit.

Der optische Eindruck der Lichtdurchlässigkeit der Farben wird durch Iridescent Medium - je mehr, desto heller - erzeugt.

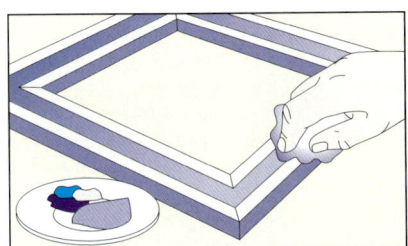

10 Die äußeren und inneren Kanten abkleben und mit dem Schwamm einen helleren Streifen in der Mitte auftragen.

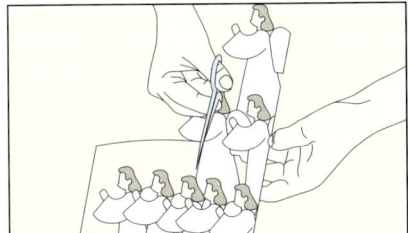

12 Die Spitze der Schere zeigt beim Schneiden von Ihnen weg. Schneiden Sie sorgfältig an den Konturen entlang.

HINWEISE FÜR DIE DECOUPAGE

DECOUPAGEPAPIER

Decoupagepapiere sind im Fachhandel erhältlich. Sie können statt dessen auch Geschenkpapier oder andere farbig bedruckte Papiere verwenden. Dieses Buch vermittelt Ihnen anhand eines Beispiels die Technik, mit der Sie auch andere Motive, wie Bilder mit Obst und Blüten, verarbeiten können. Für den hier vorgeführten Flügelrahmen wird ein Motiv zweimal verwendet.
Auf der Vorderseite der Rahmenflügel befinden sich Maria und die Engel. (Der Hintergrund des Motivs wurde weggeschnitten.) Auf der Innenseite derselben werden nur noch die Engel angebracht. Die Motive können ganz nach Belieben auch farbkopiert, vergrößert oder verkleinert werden.

LACKIEREN DES PAPIERS

In Bastel- und Kunstgeschäften sind Lacke für die Decoupage erhältlich. Gloss Medium und Varnish eignen sich hierfür hervorragend als Firnis. Darüber hinaus dehnt sich das Papier bei Verwendung dieser Lacke beim Lackieren nicht aus.

AUSSCHNEIDEN

Um die Motive akkurat auszuschneiden, benötigen Sie eine gebogene Nagelschere oder eine schmale, spitz zulaufende Bastelschere. Halten Sie beim Ausschneiden die Schere immer in der gleichen Position. Führen Sie zum Schneiden das Papier durch die Schere. Halten Sie die Schere so, daß Sie stets genau erkennen können, wo Sie schneiden.

13 Kleben Sie auf der Innenseite der Rahmenflügel die Engel von außen nach innen. Das Klebstoffgemisch für die Decoupage besteht aus 25 % PVA-Weißleim und 75 % Decoupagekleber. Sollten die Bilder auf dickem Papier oder auf Karton gedruckt sein, erhöhen Sie den Anteil des Weißleims im Gemisch. Drücken Sie mit dem Roller alle Luftblasen unter der Bildoberfläche hervor.

14 Klebstoff trocknen lassen, bevor Sie die Bilder mit Lack fixieren. Auf den getrockneten Lack mehrere Lackschichten über die gesamte Fläche auftragen. Diese gut trocknen lassen, anschleifen und den Schleifstaub entfernen.

15 Legen Sie die Rahmenflügel mit der Außenseite nach oben auf die Arbeitsplatte. Kleben Sie, wie in Arbeitsschritt 13, die Bilder – Maria und die Engel – über beide Flügel. Gut trocknen lassen. Schneiden Sie das Bild der Maria mit einem Cutter in der Mitte durch.

16 Fixieren Sie die Bilder mit Lack. Gut trocknen lassen. Verfahren Sie beim Auftragen der Lackschichten wie in Arbeitsschritt 14.

13 Streichen Sie mit dem Roller alle Luftblasen unter der Oberfläche der Bilder hervor.

Hinter den geöffneten Läden verbirgt sich ein Spiegel. Ganz nach Belieben können Sie in den Rahmen auch ein Bild oder Photo einsetzen.

Stoffüberzogener Rahmen

Stoffüberzogene Rahmen können mit anderen Stoffüberzügen im Raum korrespondieren. Dieser Rahmen wurde zunächst gepolstert und dann mit dem blaßblauen Karostoff überzogen.

VORGEHENSWEISE

1 Den Rahmen mit der Vorderseite auf die Einlage (Polster) legen und die Außen- und Innenform des Rahmens mit dem Bleistift übertragen. Schneiden Sie die Einlage zu.

2 Legen Sie den Rahmen auf den Stoff und übertragen Sie dessen Konturen mit Bleistift. Zeichnen Sie mit einem Lineal im Abstand von 1,5 cm zur Innenkante eine Linie. Dieser Stoff kann um die Rahmeninnenkante gezogen werden. Geben Sie am äußeren Rand des Rahmens 3 cm Stoff zu.

3 Stoff zuschneiden, bügeln und mit der rechten Seite auf den Tisch legen.

4 Kleben Sie die Einlage auf die Vorderseite des Rahmens. Tragen Sie auf diese eine dünne Schicht Klebstoff auf. Zu dick aufgetragener Klebstoff scheint durch den Stoff. Legen Sie die vorbereitete Einlage auf den Bezugsstoff. Achten Sie auf die Linien für Rahmenkontur und Überstand. Streichen Sie den Stoff glatt.

5 Schneiden Sie die Ecken des Stoffes entlang der Schenkel der 90°-Winkel ab, die jeweils von den Außenkanten des Rahmens gebildet werden. Lassen Sie

MATERIAL & WERKZEUG
• Rahmen
• Einlage
• Schere
• Lineal und Bleistift
• Stoff
• PVA-Weißleim
• Kleiner Pinsel
• Zierband, Borte

dabei kleine Stoffecken stehen, die dann über die Rahmenecken geklebt werden können. Auf der Innenseite des Rahmens den überstehenden Stoff in Winkeln von 45° einschneiden.

6 Tragen Sie auf die Rahmenrückseite Klebstoff auf, und legen Sie die überstehenden Streifen auf die Rahmenrückseite um. Kleben Sie aber zunächst die kleinen Stoffecken an. Kleben Sie die Zierborte auf der Rahmeninnenseite an.

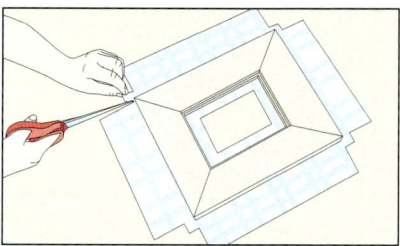

6 Schneiden Sie die Ecken des Stoffes ein, wobei Sie kleine Stoffecken an den Rahmenkanten belassen.

Verwenden Sie bei Stoffüberzügen möglichst dünne Rahmen, dann läßt sich der schräg eingeschnittene Stoff gut über die Ecken ziehen, und der Rahmen ist fast vollständig bedeckt.

Die Schönheit dieses getriebenen Rahmens liegt in seiner Schlichtheit. Wählen Sie ein bis zwei Motive aus, die den Rahmen zieren sollen.

Getriebener Metallrahmen

Die Muster dieses getriebenen Metallrahmens greifen die einfachen Motive der Shakers und die schmuckvollen der Mexikaner und Indianer auf.

Ein dünnes Aluminiumblech, in das das Muster mit Hammer und Nagel getrieben wird, bedeckt den Rahmen. Der Schlüssel zum Erfolg liegt in der Einfachheit der Motive.

DEN RAHMEN VORBEREITEN

1 Grundieren Sie die Vorderseite und die Seiten des Rahmens mit silberner oder grauer Künstlerölfarbe. Eine Farbe im Ton des Aluminiums kaschiert die Stellen, an denen das Aluminium den Rahmen nicht vollständig bedeckt (wie beispielsweise an den äußeren oder inneren Ecken). Sie können ganz nach Belieben auch die Rückseite des Rahmens bemalen.

BEDECKEN DES RAHMENS

2 Legen Sie das Aluminiumblech auf das Handtuch. Das Handtuch verhindert, daß das weiche Aluminium zerkratzt wird. Legen Sie den Rahmen mit der Vorderseite auf das Aluminium.

3 Umfahren Sie mit dem Kugelschreiber die inneren und die äußeren Kanten des Rahmens. Sie drücken so Linien ins Aluminium ein. Drücken Sie mit dem Kugelschreiber etwa 5 cm von der äußeren Rahmenkante entfernt (entlang eines Lineals) ein weiteres Rechteck ein. Der entstandene 5-cm-Streifen soll später um 90° nach hinten gebogen werden. Legen Sie den Rahmen zur Seite.

MATERIAL & WERKZEUG

- Großer Flachpinsel für die Grundierung
- Silberne oder graue Künstlerölfarbe
- Rahmen
- dünnes Aluminiumblech★ (in einem Bastel- oder Heimwerkergeschäft erhältlich), 5 cm breiter als der Rahmen
- Handtuch oder großes Tuch
- Kugelschreiber und Lineal
- Baumwollhandschuhe
- Schere
- Klebeband
- Pauspapier und Bleistift
- Kleine, keilförmige Stahlnägel (Täcks) oder Polsterzwecken
- Kleiner Hammer

(★statt dessen auch dünnes Kupferblech)

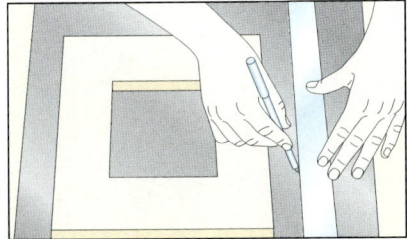

3 Drücken Sie mit dem Kugelschreiber in etwa 5 cm Abstand vom Rahmen eine umlaufende Linie ein.

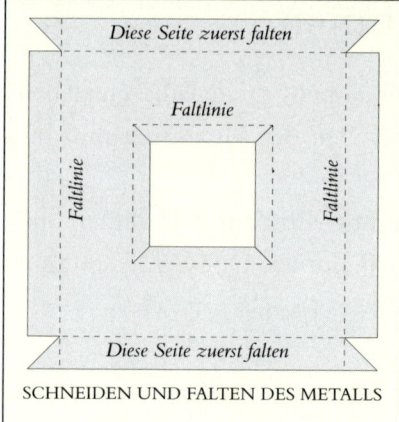

Diese Seite zuerst falten

Faltlinie

Faltlinie

Faltlinie

Diese Seite zuerst falten

SCHNEIDEN UND FALTEN DES METALLS

4 Drücken Sie mit dem Kugelschreiber (entlang eines Lineals) im Abstand von 12 mm von der Rahmeninnenkante eine umlaufende Linie ein. Sie markiert die Streifen (Falze), die später sowohl um die vornliegenden als auch um die hintenliegenden Innenkanten des Rahmens gebogen werden. Die Breite des Aluminiumfalzes hängt von der Dicke des Rahmens und von der Breite des Alustreifens ab, der auf der Rückseite des Rahmens verläuft.

5 Tragen Sie Baumwollhandschuhe, wenn Sie mit der Schere zunächst das innere Viereck ausschneiden. Stechen Sie dazu mit der Scherenspitze als erstes ein Loch in die Mitte, und schneiden Sie dann zur innen verlaufenden Maßlinie. Schneiden Sie in den Ecken unter einem Winkel von 45° von der inneren Maßlinie zur inneren Falzlinie. Die vier äußeren Ecken werden, wie in der linksstehenden Abbildung gezeigt, ausgeschnitten. Die stehengebliebenen zipfelartigen Dreiecke klappen Sie nach dem Falzen auf die seitlichen Schenkel. Dadurch haben die Ecken des Alumantels keinen Schlitz und sehen besser aus.

6 Legen Sie das ausgeschnittene Aluminiumblech auf das Handtuch, darauf den Rahmen, den Sie an den aufgezeichneten Linien ausrichten.

7 Biegen Sie jeden Falz um die jeweiligen Kanten des Rahmens. Fixieren Sie das Material auf der Rahmenrückseite zunächst mit Klebeband. Sind später alle Muster eingetrieben, dann können Sie zur endgültigen Befestigung Täcks einschlagen. Prüfen Sie beim Bie-

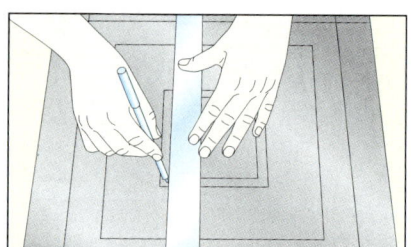

4 Zeichnen Sie eine 12 mm breite innere Linie. Die Breite variiert entsprechend des Rahmenfalzes.

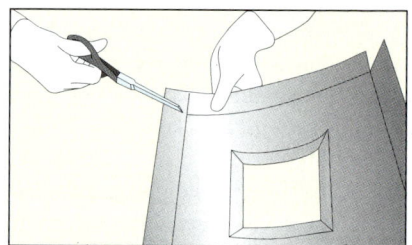

5 Schneiden Sie die vier Ecken des Aluminiums ein, so daß dieses um den Rahmen nach hinten gebogen werden kann.

Mit einem kleinen Schraubenzieher schlägt man die schmalen, geraden Vertiefungen des Musters ein.

gen der Falze, ob das Aluminium gleichmäßig auf dem Rahmen sitzt.

8 Pausen Sie das Muster von Seite 62 auf Pauspapier ab. Das Papier sollte so groß sein, daß es gut um die Rahmenecken gelegt werden kann. Legen Sie das Muster auf die Vorderseite des Rahmens, befestigen Sie das überstehende Papier mit Klebeband auf der Rückseite des Rahmens.

TREIBEN DES ALUMINIUMS

9 Legen Sie den Rahmen auf ein Handtuch, und treiben Sie, dem Muster folgend, mit Hammer und Nagel Löcher in das Aluminium. Versuchen Sie die Löcher in gleichen Abständen mit gleichmäßigen Hammerschlägen einzutreiben. Die Größe des Nagels und die Schlagkraft beim Hämmern sind für die Größe der Löcher maßgeblich. Üben Sie dies zunächst an einem Probestück, bevor Sie den Rahmen bearbeiten. Für die geraden Einkerbungen der Blütenblätter kann statt des Nagels ein Schraubendreher verwendet werden.

10 Treiben Sie das Muster im gesamten Rahmen ein. Entfernen Sie das Pauspapier erst, wenn Sie alle Musterelemente übertragen haben.

11 Entfernen Sie das Klebeband von der Rückseite des Rahmens, und befestigen Sie die Aluminiumkante mit Täcks. Bearbeiten Sie eine Seite nach der anderen. Nehmen Sie für die Rahmeninnenkante kleinere Täcks, so daß die Größe der Täcks je Rahmen- und Falztiefe variiert.

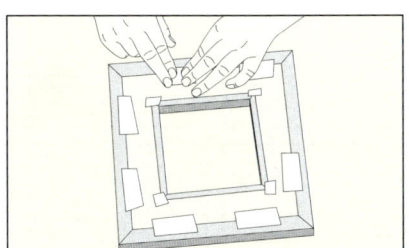

7 Ummanteln Sie die Rahmenleisten mit den Alufalzen. Fixieren Sie diese auf der Rahmenrückseite mit Klebeband.

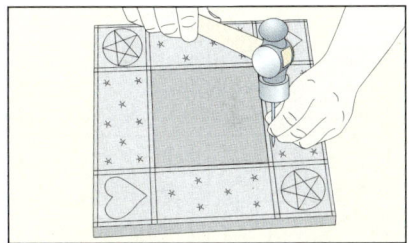

9 Treiben Sie das abgepauste Motiv mit einem Nagel und dem Hammer in das Aluminium.

Schablonen

Blumenmuster für den
Rahmen aus
Papiermaché
(Seite 45).

Die Mitte für die erhöhte
Struktur ausschneiden.

Muster für den getriebenen
Metallrahmen (Seite 59).
Vergrößern Sie das Muster mit
dem Fotokopierer auf die
Größe des Rahmens.

Werkzeuge für den Rahmenbau

Die wichtigsten Werkzeuge für den Bau von Rahmen werden hier gezeigt. Sollten Sie Ihren Werkzeugkasten ergänzen wollen, erhalten Sie diese in einem Eisenwarenladen oder in einem Heimwerkermarkt.

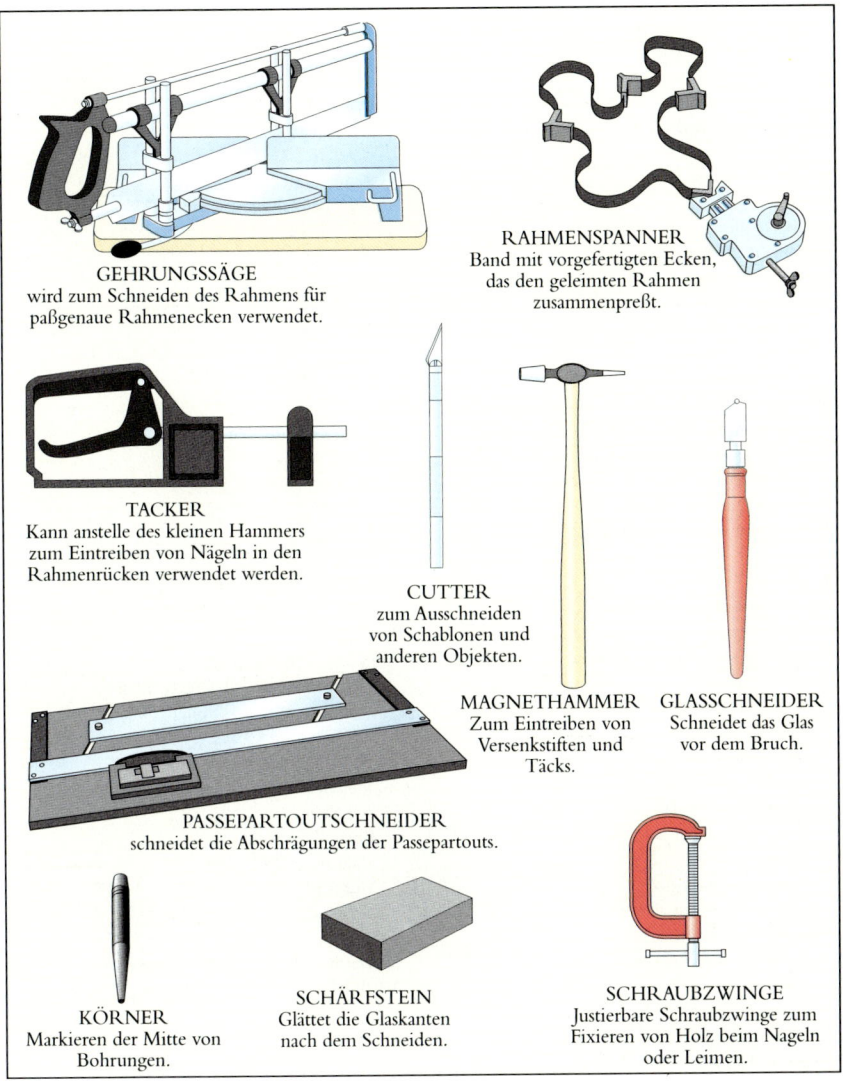

GEHRUNGSSÄGE
wird zum Schneiden des Rahmens für paßgenaue Rahmenecken verwendet.

RAHMENSPANNER
Band mit vorgefertigten Ecken, das den geleimten Rahmen zusammenpreßt.

TACKER
Kann anstelle des kleinen Hammers zum Eintreiben von Nägeln in den Rahmenrücken verwendet werden.

CUTTER
zum Ausschneiden von Schablonen und anderen Objekten.

MAGNETHAMMER
Zum Eintreiben von Versenkstiften und Täcks.

GLASSCHNEIDER
Schneidet das Glas vor dem Bruch.

PASSEPARTOUTSCHNEIDER
schneidet die Abschrägungen der Passepartouts.

KÖRNER
Markieren der Mitte von Bohrungen.

SCHÄRFSTEIN
Glättet die Glaskanten nach dem Schneiden.

SCHRAUBZWINGE
Justierbare Schraubzwinge zum Fixieren von Holz beim Nageln oder Leimen.

Register